TACKORD

Tack till mina vänner som stöttade mig när jag inte trodde att jag hade kraft kvar.
Tack till mina föräldrar som visste vad jag behövde.
Tack Gud – att du var med mig hela tiden.

© Rosa Klippberg 2016
Förlag: BoD – Books on Demand, Stockholm, Sverige
Tryck: BoD – Books on Demand, Norderstedt, Tyskland
ISBN: 978-91-7699-035-3

VÄNDPUNKTEN

Rosa hade teven på när hon lagade mat och såg fram emot ett nytt avsnitt av sitt favoritdiskussionsprogram. Det var fortfarande fuktigt inne trots att luftkonditioneringen hade varit på ett tag. Nu hällde hon upp ett stort glas läsk med is och satte sig tillrätta i soffan – med fötterna uppe. Hon passade på när hon var ensam hemma att sitta som hon ville i soffan. Hennes man, Troy, blev alldeles vild och skrek om han såg att hon hade fötterna uppe på soffan. Satte hon upp fötterna när barnen var hemma, kunde de också lära sig av henne och om de hade fötterna uppe skulle de bli utskällda av pappan, så hon var noga med hur hon uppförde sig.

Programledaren hade i detta avsnitt bjudit in Dr Jill A. Murray som hade skrivit boken "But he never hit me". Boken handlade om den misshandeln som inte syns på en kvinnas kropp, men som ändå bryter ner henne. Rosa lyssnade intensivt på intervjun, och skrev ner namnet på boken och författaren på hennes privata ställe i datorn och funderade på hur hon skulle få tag i denna bok. Att de skulle ha den i bokhandeln trodde hon var en omöjlighet. Böcker som kunde "uppmuntra kvinnan" till att ha rättigheter skulle inte finnas i Troys land - där de hade bott sen barnen var små.

En väninna hjälpte henne att beställa boken online. Den boken skulle radikalt förändra Rosas liv. Boken beskrev att ord kan skada en människa lika mycket, eller mer, än en fysisk handling. Ord kan få en människa att leva i psykisk terror. Rosa sträckläste den och för varje kapitel kände hon med fasa igen allt!

Boken handlade helt och hållet om livet med hennes man.

FÖRÄLSKELSEN

Rosa hade träffat Beata på en matlagningskurs. Hon var glad att Beata hade tagit initiativ till att bli kompisar för Rosa hade varit för blyg för att ta kontakt. En stjärnklar decemberkväll bjöd Beata in henne på fest. När Rosa knackade på dörren undrade hon lite nervöst vem som också skulle vara där. När hon nervöst drog handen genom sitt bruna långa hårfall öppnade Beata dörren och välkomnade henne med sitt glada sätt och Rosa hälsade på alla som satt i vardagsrummet. Under kvällen verkade en kille vara speciellt intresserad av henne. Han hette Troy och kom från samma varma exotiska land som Beatas pojkvän. Han var mycket längre än Rosa, vilket Rosa alltid hade drömt om att sin blivande pojkvän skulle vara. Han hade nyligen kommit till Sverige så de pratade engelska med varandra. Han berättade att han hade sökt asyl och blivit placerad i boende med sina landsmän, och att han var ivrig att göra sitt bästa på svensklektionerna han blivit erbjuden av kommunen. Hans mål var att utbilda sig i Sverige och få en hög utbildning. Efter middagen frågade Troy om Rosa ville träffa honom igen. Det var något väldigt intensivt med honom, något i hans blick, men han såg också så gullig ut och hennes kompis var ju ihop med hans kompis, så Rosa sa ja.

De träffades nästan dagligen och ville göra allt tillsammans. Troy lärde sig fantastisk svenska på bara några månader. Troy ville veta allt om Rosa och Rosa var mycket intresserad av hur han hade levt sitt liv. Troy berättade mycket om sin tid i kriget. Han iscensatte händelser då han hade hållit i granater och kastat dem mot fienden. Rosa blev helt stel när han berättade. Hon förstod att han skulle behöva mycket tid att prata av sig, upprepa det han varit med om, så att han till slut skulle få det ur sig. Hans ögon lyste upp av igenkännande när han berättade om händelserna och hon förstod att det hade varit hela hans liv. Rosa var en vänlig själ och ville gärna hjälpa honom att komma tillbaka till vanligt liv igen där han kunde ersätta krigsminnena med tryggt liv. När han fick ångest höll hon om honom och tröstade honom. Han blev lugn igen och så hade de det fint tillsammans igen. Rosa tyckte verkligen Troy var gullig och på vissa sätt var han oerfaren, men Rosa lärde honom så gärna allt han ville lära sig.

De träffade ofta Troys kompisar som bodde i närheten. De lagade ibland mat tillsammans med hans kompisar. Rosa kände redan från början att det var lättare att hon var med Troy och hans kompisar än att Troy kom med henne till sina kompisar. Efter någon månad gjorde Beata slut med Troys kompis så de fyra kunde inte träffas.

När Troy träffade Rosas närmaste kompis Karin var det alltid lika obehagligt. Troy och Karin kunde nästan inte dölja hur illa de tyckte om varandra. Troy tyckte att hon var en så stark feminist och att hon aldrig skulle bli gift om hon fortsatte att "vara så där". Karin sa att hon "minsann inte var beroende av en man i sitt liv" och detta sätt att uttrycka sig på gjorde Troy vansinnig. När de diskuterade stod båda upp och eftersom Karin var lika lång som Troy verkade han rent fysiskt känna sig utmanad av henne. Efter att de tre hade träffats några gånger uppmuntrade inte Rosa några fler möten. Under de kommande månaderna fortsatte Rosa att själv träffa Karin, men varje gång hon sa till Troy att de hade träffats så kritiserade Troy Karins sätt att leva. Det var jättejobbigt att höra elaka ord om Karin som var en så fin tjej. Karin å sin sida tyckte att han var en kontrollerande mansgris när han pratade om hur kvinnor skulle "ta hand om" sina män och att det var saker som män var mer ämnade att göra än kvinnor. Rosa kände sig kluven mellan de båda, och till slut lät hon relationen med Karin rinna ut i sanden, för på något sätt var det det lättaste. Troy var mer övertygande i att det var han som hade rätt.

Rosa hade samtidigt den vintern lovat en kusin, Elsa, att hon skulle komma och hjälpa henne i hennes affär i Italien den kommande sommaren, men när Troy fick reda på detta blev han inte glad.
"Hur kan du lämna mig i flera månader?"
"Men detta är något som Elsa och jag har pratat om redan före jag träffade dig och nu skulle jag vilja göra det" fick Rosa fram trots att hon kände att hon inte hade rätten att säga det.
Det blev diskussioner fram och tillbaka där Rosa kände sig mer och mer skyldig att hon skulle vara borta från honom. Hon gick med på att åka iväg sex veckor bara. Elsa blev inte glad, men ordnade någon annan under den första tiden. Men Troy var lika förnärmad. Han tyckte att det var för länge. "Hur kan du lämna mig så lång tid!" sa han. Till slut blev det fyra veckor som Rosa åkte iväg. De skrev brev till varandra hela tiden. Troy skrev så romantiska brev så hon var så glad att han var hennes pojkvän. Men nog kände hon lite dåligt samvete i alla fall för han ville ju inte alls att hon skulle ha åkt.

Troy berättade mycket om hur man levde i hans land; hur underbara alla i familjen och släktingarna var mot varandra, hur de alla ställde upp för varandra och hur alla älskade honom. Han berättade glada händelser från sin barndom och Rosa kunde se att detta var sant när han ringde hem, för hans mamma, hans systrar och han själv grät vid varje telefonsamtal. Föräldrarna, syskonen, fastrar, farbröder och mormodern hade alla gråtit i dagar när han lämnade sitt hemland, berättade Troy. *Så mycket älskade de Troy! Tänk vad fantastiskt! Så fint! Tänk om jag kunde få leva så där också!* tänkte Rosa.

Troy hade väldigt många åsikter om Rosas familj. I början var han väldigt osäker på sig själv när han träffade Rosas pappa. Rosas pappa var ett huvud längre än Troy och muskulös – i motsats till Troy med sin smala benmuskulatur. När Troy besökte Rosas föräldrar så ville han bara stanna en timme eller så och han satt som på nålar hela tiden. Rosa förstod att han ville göra ett gott intryck men det var inte lätt på grund av språket. Rosas mamma blev charmad av den söte killen med bruna ögon som Rosa kom hem med, och Rosa såg henne reflexmässigt justera sina permanentade gråa lockar i nacken då och då när de pratade. Hon såg alltid till att sätta fram finakorna till kaffet när Troy kom. Troy visste mer hur han skulle vinna Rosas mammas hjärta med sin charm, medans Rosas pappa såg på med vaksamma ögon. Rosas föräldrar hade dock alltid uppfostrat Rosa till att bli en självständig person som gjorde sina egna val och respekterade även Rosas val av pojkvän. Rosas syster Hanna hade hittat kärleken i Norrland och flyttat dit. Eftersom hon var äldre än Rosa, hade gift sig, fått barn och hade fullt upp med sin egen firma hade de bara sporadisk telefonkontakt och sågs mest till jul, påsk och några dagar på sommaren.

Allt eftersom det blev fler och fler gånger som Troy var med och besökte föräldrarna så började Troy kritiskt kommentera det som Rosas pappa hade sagt den kvällen. Rosa hade själv inte så nära kontakt med sin pappa så hon förstod och lyssnade när Troy tog upp situationer där han tyckte sig ha blivit felbehandlad av Rosas pappa. Rosa kände att hon kunde berätta allt för Troy och berättade om hela sin barndom för Troy.

Troy berättade för Rosa om skillnaderna mellan sitt land och Sverige – så som han upplevde det. Troy hade växt upp med att t.ex. på en högtidsdag som påskdagen, kunde helt okända människor på gatan önska varandra "Glad Påsk". Rosa lyssnade och blev helt förundrad över hur människorna där kunde vara så vänliga och öppna mot varandra. Kriget pågick vid gränserna mot andra länder, men i samhällen uppförde alla sig så. Så när Troy såg hur ingen hälsade på den andre i Sverige blev han chockad och ledsen över hur fel allt var. Rosa kunde ju inte annat än att hålla med, det var ju sant. Där de bodde levde många väldigt ensamma.

En helg ville Troy besöka en kompis som Rosa inte kände. Det var många andra av Troys kompisar i det lilla rummet som kompisen hyrde och de var som vanligt högljudda när de diskuterade. Rosa såg en broschyr om något intressant liggandes på bordet. Hon försökte koncentrera sig på att läsa, trots den höga volymen, men lyckades inte utan drog sig ut i den svala korridoren för att fortsätta läsa i några minuter. Strax kom en av kompisarna flängande ut i korridoren och skällde ut Rosa för att hon inte hade bett dem att hålla volymen nere, istället för att avlägsna sig lite. Rosa fick dåligt samvete för att hon hade fått dem att känna sig så dumma. Troy stod och tittade på. Rosa gick med dem in i rummet igen.

Troy lyssnade intensivt. Det var det som Rosa tyckte var så bra med Troy. Han lyssnade alltid när hon berättade om sitt liv och hon berättade allt. Hon berättade om sina tidigare pojkvänner, sina föräldrar, sina släktingar, sina önskningar, svagheter, ja allt! Troy ville vara med Rosa varje dag och hon älskade att Troy behövde henne så mycket.

Troy såg verkligen Rosa! T.o.m. detaljerna såg han. Han föreslog att Rosa skulle klippa sina naglar på ett mer kvinnligt sätt. Då gjorde hon det. Hon ville ju inte "se grov ut" som Troy kallade det.

Rosa tyckte om att sjunga och var med i stans gospelkör. Alla trossamfund var välkomna till den kören, och man behövde inte heller vara så troende för att vara med. Körledaren hade mycket energi och engagerade alla att göra sitt bästa. Körledarens tro på Gud märktes när hon pratade om sångerna de sjöng, då de blå ögonen glittrade alldeles extra. När Rosa började i kören så fanns Gud någonstans långt där borta, men hon tänkte inte på Gud i det vanliga livet. Ju mer hon sjöng och kände rytmen och glädjen började Gud på något sätt komma lite närmare henne. Den våren skulle de åka på turné till Åland. Rosa såg mycket fram emot att få åka iväg i några dagar med kören. Troy ville också åka med och när hon frågade körledaren så fick hon veta att det fanns plats för honom i bussen också. Det var några olika samhällen de skulle sjunga i. Eftermiddagen de anlände med båten till Åland skulle de som vanligt öva i två timmar för att vara förberedda för kvällen. Troy ville sitta ner med Rosa och prata precis när körledaren hade annonserat att de skulle inta sina platser på scenen. Rosa sa till Troy att hon skulle öva och de fick prata sen. Allt gick bra med repetitionen, förutom att när Rosa då och då tittade ut över publikbänkraderna kunde hon inte se Troy. Repetitionen var klar och alla gick till sina rum för att göra sig fina inför kvällen. Fortfarande ingen Troy. *Vad hade hänt med honom?*

Konserten gick väl och de fick mycket applåder och fick sjunga flera extralåtar. Sent på kvällen när konserten var slut såg Rosa Troy i folkvimlet och hon kunde äntligen fråga vad som hade hänt.

"Jag har varit så orolig, var var du?"

"Äh du struntade ju i om jag var med eller inte så jag gick ut på stan i några timmar…"

"Varför sa du inte att du skulle gå?"

Troy ryckte bara på axlarna. Hon tyckte det hela var lite konstigt men valde att inte tänka på det. På bussresan hemåt satt de bredvid varandra och Troy var på bra humör och de hade skoj och skrattade.

Troy gick i kyrkan och ville gärna gå dit på söndagarna tillsammans med Rosa. Rosa hade alltid känt innerst inne att Gud fanns men tänkte inte så ofta på det. Hon var intresserad av att lära sig nya saker så hon ville gärna gå med Troy till kyrkan. Men det var mycket annorlunda och packat med folk så de fick alltid bara sittplatser längst bak i kyrkan och hon kunde inte se mycket. Troy tog reda på om det fanns kurser i kyrkans tro och det fanns det. Rosa kunde börja den hösten. Varje onsdagskväll gick Rosa på kurs och varje söndag gick de i kyrkan.

Kursen i kyrkans tro var mycket givande för de drevs av en äldre präst som lyste av vänlighet och Rosa kände sig välkommen redan från första kvällen. Prästen pratade också om sitt eget liv; att han hade varit gift, men efter att frun dog så kände han sig kallad till prästerskapet. Kursen hölls i det slitna församlingshuset och de var en ganska liten grupp. Alla i gruppen hade hört talas om denna kyrka på så olika sätt. De flesta tyckte om att läsa och en del hade studerat medeltida konst. Det var bara Rosa som hade blivit introducerad till kyrkan via en pojkvän. Hon kände att hon kunde lita på den gråhårige prästen med det yviga skägget och ställde många frågor. Hon träffade prästen i enrum och pratade öppet med honom och berättade om sitt liv och att hon hade haft flera killar. Han förklarade att eftersom hon inte var troende när hon hade varit med killarna så behövde hon inte räkna de handlingarna som "synder". Hon hade ju inte vetat om hur hon skulle leva. Med glädje berättade Rosa detta för Troy, men han sa bara: "Ja ja, men det var ju bra att du tog upp det i alla fall".

Hon tyckte att allt prästen berättade kändes helt rätt och Rosa medlem i kyrkan efter ett år. Hon var speciellt fascinerad av helheten i kyrkan. Alla var en del av i kyrkans familj från dopets sakrament till sista smörjelsen. Rosa kände alltid att det var Guds vilja att Troy och hon hade träffats och att det var meningen att de skulle spendera resten av livet ihop.

Precis den sommaren anordnades en resa till Spanien med hennes nya kyrka. Programmet innehöll besök av olika kända vallfärdsorter. Troy ville åka ner till sin familj i några veckor på semester så Rosa åkte till Spanien i en vecka med en grupp från kyrkan. När Troy skulle anlända Sverige efter några veckor körde hon till flygplatsen för att hämta honom. Hon stod där och riktigt skakade när hon väntade, vilket han märkte på henne. Hon sa att det var för att hon var så förväntansfull. Egentligen förstod hon inte varför hon skakade; vad som gjorde att det kändes så nervöst.

Det var en del bråk emellanåt. En gång när Rosa sa något som gjorde honom väldigt arg drog han ner en målning från väggen som råkade hänga precis bredvid honom. Denna målning var Rosa väldigt stolt över att hon hade målat, vilket hon också hade berättat för honom deras första tid tillsammans. Rosa förstod att hon hade sagt något fruktansvärt och blev väldigt skärrad över händelsen och hade bara en tanke: *Jag måste tänka mig för så jag inte säger något elakt så han brusar upp så där igen.*

Troy förklarade på ett väldigt övertygande sätt att "familjelivet" hade gått snett i Sverige. Familjekänslan fanns ej mer i Sverige. Tjejerna bytte partners från en kväll till en annan. De vandrade in och ut på pubarna. Utan värdighet. Detta kunde ju vem som helst se så Rosa förstod att Troy hade rätt. Troy förklarade också att det var kvinnans uppgift att sätta familjens väl före sina egna behov. Troy såg att många gifta kvinnor gick ut och festade utan sina män, och detta tyckte han var ovärdigt. Han tyckte att om kvinnorna levde värdigt så skulle familjerna hållas ihop, och om kvinnorna kunde lära barnen att familjen var det viktigaste så skulle det inte finnas skilsmässor. Rosa såg att han hade helt rätt.

En kväll kom hon för att besöka Troy och öppnade med en extranyckel som han hade gett henne. Troy var inte där och ingen lapp fanns med en hälsning. Hon väntade i timmar. Till slut fick hon tag i honom på telefon hos en av hans kompisar. Han sa att han hade lämnat henne. Rosa kom ihåg hur han hade berättat om hur syndig hon hade varit som haft flera relationer med killar före honom. Att hon inte hade levt värdigt. Rosa måste BEVISA för honom att hon var att lita på. Hon KUNDE bli bättre! Hon SKULLE inte göra honom arg mer. Hon skulle INTE misslyckas med denna relation också! Hon var helt förtvivlad och grät och lyckades övertyga honom att de skulle fortsätta tillsammans.

Troy visade ofta sin romantiska sida och satte på romantisk musik på stereon. Rosa sveptes med i dessa känslor. Åh, vilken underbar tid de hade! Han var så gullig när det var bara de två. Han var fysiskt så mån om henne. De gjorde massor tillsammans. Han var, som hon, inte heller någon "sportfåne", han ville mer uppleva nya saker och åka till nya ställen. De hyrde ibland cyklar, tog landsortsbussen till olika byar och campade och lärde sig saker tillsammans. Troy hade inga problem med att Rosa tog hand om det praktiska. Det kändes bra för Rosa att ta hand om Troy – han var ju så tacksam och glad! Rosa kände att de levde för varandra och att det verkligen var Guds mening att de skulle ha träffats.

Vad gjorde det att Troy brusade upp ibland och hon inte förstod varför. Huvudsaken var ju hur fint de hade det för det mesta.

Rosa och Troy spenderade mycket tid tillsammans det första åren, de sov över hos varandra nästan varje kväll. Troy hade också nyckel till Rosas lägenhet. En kväll när Rosa äntligen hade avslutat jobbet hoppade hon på bussen och satte sig på första lediga säte. Hon var trött och kunde inte vänta tills hon kom hem och fick vila. Väl hemma hade hon bara hunnit sätta ner väskan och hängt upp jackan då hon hörde ljud utanför ytterdörren. *Vem kunde det vara?* Porten var ju alltid låst och bara folk som bodde i huset hade nyckeln. Då öppnades brevinkastet lite och hon hörde ett skrämmande ljud. Hennes hjärta började banka i full fart.. *Hade någon förföljt henne i mörkret och var på väg att bryta sig in?* Hon stod helt stel och började svettas. Ljuden fortsatte. Efter en skrämmande lång minut öppnades dörren och hon blev om möjligt ännu räddare, men in kom en skrattande Troy! Han tyckte det var enormt roligt. Den enda känslan Rosa kunde förstå var att hon var glad att det inte var en inbrottstjuv.

Troys speciella humor visade sig vid många tillfällen, t.ex. den gången Rosa slog huvudet i bordskanten och det gjorde vansinnigt ont. När hon masserade för att ta hand om smärtan bad Troy att få titta på huvudet och till hennes förskräckelse sa han att det blödde. Självklart började Rosa att oroa sig för hur allvarligt det var! Troy kom med kall handduk och tryckte hårt mot såret för att det skulle sluta blöda. Han berättade för Rosa hur allvarligt det såg ut och att hon nog måste till sjukhuset för att sy. Efter några minuter kunde han inte hålla sig längre och sa skrattande att det aldrig hade varit något sår. Han hade bara skojat med henne. Rosa skrattade inte utan tyckte bara att han hade väldigt konstig humor.

Troy charmade inte bara Rosas mamma – utan hela hennes släkt. Rosas släkt höll på traditionen att alla skulle träffas på födelsedagarna, så de träffades ofta. Kvinnorna tyckte Troy var gullig med sina bruna ögon och männen tyckte att han var trevlig. Troy var som en kamelont på släktträffarna; om någon var intresserad av golf så pratade Troy golf, om någon var intresserad av trädgårdsplantering så diskuterade Troy trädgårdsplanering. Rosa behövde inte oroa sig när han träffade hennes släktingar. De gångerna han accepterade inbjudan förstås. Inbjudan skulle helst ha varit direkt till honom. Han ville inte "hänga med" om inte värdfolket hade nämnt hans namn före festen. De gångerna Troy var med hade han alltid mycket att säga efteråt; kommentarer om den och den och vad han hade upplevt. Rosa blev glad av kommentarerna och såg det som ett bevis på att han brydde sig om hennes familj och släkt.

Troy hade ända sen de träffats kommenterat hur de svenska tjejerna lämnade sina föräldrar och flyttade hemifrån så snart de kunde. Han tyckte inte det var bra. Det störde honom att Rosa tidigt hade flyttat hemifrån. Han beskrev så övertygande hur värdigt flickorna i hans land levde och han ville att Rosa skulle flytta hem igen. Först förstod inte Rosa. Hon hade ju redan flyttat hemifrån... Skulle hon tillbaka nu? Men Troy fortsatte att prata om hur flickorna i sitt land bodde hos sina föräldrar tills de gifte sig. Rosa började då se det från den romantiska sidan och förstod vad Troy pratade om. Rosas föräldrar ville gärna se mer av henne så hon flyttade tillbaka till sitt flickrum. Tiden när Rosa bodde hemma hos föräldrarna tyckte Troy att de inte skulle vara intima med varandra. Det var Guds vilja. Även på så sätt kunde Rosa leva mer "rätt". Rosa tyckte det lät helt logiskt och ville gärna följa detta nya levnadssätt.

Rosa hade nu vidareutbildat sig och var väldigt glad när ett vikariatjobb annonserades ut, vilket var beläget nära Rosas föräldrahem. Rosa skrev en perfekt ansökan och hon fick komma på intervju. Hon gav allt i intervjun för att visa att hon var den rätta. Några dagar senare kom det glada beskedet att hon hade fått jobbet! Rosa kände sig så nöjd med sig själv och ringde Troy för att berätta den goda nyheten: "Du fick bara jobbet för att du bodde i närheten" var hans kommentar. Hon blev lite ställd för ett ögonblick, men valde att bortse från kommentaren. Det viktigaste var ju att hon hade fått jobbet, tänkte hon.

Trots att de nu bodde långt ifrån varandra så tog de pendeltåget till varandra någon kväll i veckan och sågs på helgen. Övriga dagar måste Troy lägga sin tid på att studera och göra sina prov. Troys närmaste, som alla var från hans hemland, fixade ibland fester på helgerna där de alla hjälptes åt och lagade mat och spelade musik från hemlandet. Rosa kände sig välkommen på festerna, och eftersom hon var matintresserad så skrev hon ner recepten till nästan allt. Hon inandades de nya dofterna av örter, starka kryddor fyllde hennes gom och hon njöt av att smaka nya maträtter. Hon var en tjej som inte hade behov av att hävda sig så hon hade de flesta gånger inte några problem med att spendera en hel kväll med att höra hans hemlands språk utan att förstå någonting. Det var alltid en sådan glad stämning på festerna och Rosa lärde sig gärna nya saker. Ville hon veta vad de sa så frågade hon bara Troy och han gjorde sitt bästa med att förklara. Trots att de inte bodde ihop så kände hon ändå att det var Troy+hon som träffade kompisarna. De var en enhet, och det kändes så bra!

Kyrkan ordnade en bussresa till Gotland. Det var meningen att de skulle åka en hel grupp dit och delta i ceremonier och bönestunder. Rosa såg mycket fram emot allt som de skulle vara med om. De skulle givetvis få varsitt enkelrum och hon såg att allt följde deras livsstil. Vissa dagar åkte de på små bussturer och vissa dagar promenerade de runt. Rosa såg målningar inne i kyrkan som många var i fint skick trots att de var flera hundra år gamla. Hon gick på det slitna kalla stengolvet och Rosa tänkte sig tillbaka till den gamla tiden. Då kom alla in i kyrkan för att fira morgonmässa före de gick ut för att arbeta på åkern.

En eftermiddag sa en kille, Jörgen, i deras grupp att han ville besöka en speciell kyrka i byn och Rosa som inte hade varit där sa genast: "Ja, det vill jag också!" Hon vände sig till Troy men han sa att han var trött och ville gå till hotellet och vila istället. Så Rosa gick iväg med Jörgen. Kyrkan var jättefin och när hon kom tillbaka till Troy för att berätta om vad hon hade sett svarade han henne inte först. Efter en stund började det komma fram att han var arg att hon hade gått iväg med en annan man. Hon skulle ha ändrat åsikt och inte besökt den kyrkan – om inte Troy ville det. Rosa kunde inte förstå det sättet att tänka. *Om han ville vila – varför skulle hon gå miste om en upplevelse? De var ju bara där några dagar…* Till slut lovade Rosa Troy att inte göra om det men det tog Troy till nästa dag innan han hade förlåtit Rosa.

Rosa hjälpte alltid Troy med allt pappersarbete, bankhandlingar, skattedeklaration och allt sådant. Rosa kände sig speciell och gjorde det gärna. Hon var ju en hjälpande själ och hade alltid varit det. T.o.m. när Troy undrade om hon kunde hjälpa hans kompisar med deras bankärenden gjorde hon gärna det. Hon kände sig som en medlem i hans "utökade familj".

Troy berättade tidigt att han hade planer på att återvända till sitt hemland efter att han hade jobbat några år i Sverige. Rosa tänkte på det underbara livet som han levde där och förstod fullkomligt varför han ville återvända. I Sverige pratade ju knappt människor med varandra och många levde så ensamma.

Troy och Rosa hade dock en del upprörande gräl. Det var inte så mycket gräl - mer att Rosa sa eller gjorde något fel - och då kunde Troy bli så vansinnig så han slängde mattallriken i golvet. Rosa blev alltid helt förtvivlad för detta hade aldrig hänt henne före hon hade träffat Troy. Hon kunde alltså driva en annan människa till detta, insåg hon. Rosa grät och bad om förlåtelse för det hon hade gjort och sa att hon inte visste om att det var fel och att hon inte skulle göra det igen. Det tog lång tid innan han lugnade ner sig. Han kallade henne många hårda ord med hög röst. Ofta pratade han inte med henne på dagar för att han var så arg. Det var helt tydligt för Rosa – för Troy var ju så säker på sin sak – att Rosa hade fel. Troy sa alltid att han hade ett exotiskt temperament och det var så han var. Rosa tänkte att på grund av deras kulturella skillnad så var det ju en del saker som skulle bli lättare ju mer de lärde känna varandra. Sen när han hade förlåtit Rosa tyckte hon att livet var underbart! Troy var så fin mot henne igen.

Troy hade– med bestämdhet – förklarat för Rosa att det faktum att hon hade haft en massa pojkvänner före honom inte var bra i Guds ögon. Han hade lärt henne att så levde bara en lösaktig kvinna. Troy förklarade ofta för henne: "Så lever man inte i mitt hemland. Där väntar flickorna på EN man som de ska dela livet med." Så Rosa sa till sig själv att från och med nu skulle hon bara ha Troy och de skulle leva livet ut tillsammans. Skulle hon misslyckas i det… nej, det var inget som fick hända helt enkelt, tänkte hon. Hon måste hålla ihop deras relation. Vad som än hände! Så hon kunde leva respektfullt i Troys och Guds ögon.

De hade känt varandra några år och de älskade varandra och kände att de hörde ihop så de började prata om äktenskap. Troy friade inte direkt utan det kändes helt naturligt att eftersom de ville spendera resten av livet ihop så skulle de gifta sig. Troy försökte då övertyga Rosa att eftersom de var ämnade för varandra så behövde de inte längre hålla sig ifrån varandra och leva i celibat. Det tog ett tag innan han fick över Rosa till sitt tankesätt – hon hade ju känt det var rätt att de inte var intima före äktenskapet. Till slut lyckades Troy övertyga Rosa. När han argumenterade på det sättet så var det väldigt svårt att säga nej till honom.

I och med att Rosas vikariatjobb var slut sökte hon nytt jobb. Hon fick ett nära där Troy bodde och, som Troy sa: "Vi skall ju gifta oss snart", så var det praktiskt att hon flyttade in med Troy så hon inte skulle få långt till jobbet. Nu var Troy klar med studierna och hade fast jobb.

Troy hade under åren blivit mer och mer koncentrerad på vad Rosa hade på sig för kläder, även till vardags kunde han slänga ur sig sårande kommentarer. Rosa tyckte om att gå varmt och praktiskt klädd, men det nya jobbet var lite "finare" så nu började Troy gå med Rosa på shoppingrundor så hennes garderob blev uppdaterad. Rosa kände sig omhändertagen av sin blivande man och tyckte bara att det var roligt. Han såg så nöjd och glad ut när hon hade på sig kläderna han hade valt ut till henne och hon ville gärna att han skulle vara stolt över henne.

Efter Troy och Rosa hade varit ihop i några år började Troy prata mer öppet med Rosas föräldrar om vad han tyckte. Han sa rent ut att "så skulle de ha uppfostrat sina barn". Rosa hade inte varit med om sådan öppenhet förut och visste inte riktigt hur hon skulle hantera situationen. Att alla har rätt till en åsikt tyckte Rosa i alla fall. Helt objektivt verkade Troy ha rätt i det han sa – han var ju också så övertygad om att han hade rätt. Men det var tärande på Rosa att, varje gång de åkte hem ifrån hennes föräldrar, lyssna på Troy i flera timmar då han argumenterade för att hennes föräldrar hade gjort fel i det och det.

Det var ungefär vid denna tid som Rosa kände en konstig känsla när hon såg sig i spegeln. Det var som om hon inte ville se sig själv i ögonen. Hon kände att hon inte kunde prata med Troy om detta, och valde att strunta i känslan.

Den våren åkte de på besök i två veckor till hans hemland. Troy hade bestämt förklarat för Rosa att det var viktigt att hans familj vare sig fick veta att hon hade haft killar före Troy eller att Troy och hon bodde ihop, så Troy sa att hon måste komma ihåg att inte nämna något om det. Rosa nickade och sa att hon förstod. Vid det här laget hade hon förstått att man uppförde sig inte i Troys land såsom hon hade levt. Det gällde att hålla tyst. Hon ville inte att Troy skulle skämmas över henne.

Vilket mottagande på flygplatsen! Alla i hela släkten var där verkade det som. Alla grät av glädje - och Troy också. Rosa blev introducerad till Troys mamma som hade sitt gråa hår i en knut i nacken. Hon sträckte ut sin smala hand mot Rosas och hälsade Rosa välkommen. Rosa hade lärt sig en del ord och kunde svara mamman med den traditionella tackfrasen. *Nu gällde det att ge ett gott intryck!* Troys pappa, en lång och allvarlig man med starka händer introducerade sig för henne. Sen hälsade alla andra på henne. Rosa kände av hettan i middagssolen och var glad att få plats i en av bilarna och känna vinden svalka när bilen körde ut på motorvägen. Troy pratade oavkortat med alla som satt i bilen och Rosas blick for ut över landskapet. Vägen kantades av palmer, men det verkade vara för varmt för att några blommor skulle kunna växa. De verkade köra uppåt och landskapet blev mer och mer skogbeklätt. Det var om möjligt ännu fler folk som bemötte dem när de hade kommit fram. Hon såg massor med likadana enplanshus som låg i oändliga rader. I bilen hade Troys släktingar glatt pekat på hus och sen pekat på sig själva eller andra. Hon förstod att de hade pekat på sina hus och att alla bodde i närheten av varandra. Nu var de framme hos Troys föräldrars hus. Rosa var trött från resan men det fanns inte tid för vila.

Nästan varje kväll var de inbjudna till någon släkting på middag. Middagsborden dignade av mat. Rosa blev bjuden på allt och tog artigt av allting. Hon kände igen en del av den maten Troys kompisar hade lagat. Inhemsk musik spelades och alla ville lära henne att dansa traditionell dans! Det var en tid fylld av glädje. På påskafton var alla fint klädda, gäster kom och mat och dans fyllde kvällen. Vid midnatt togs gevär fram ifrån garderoben. För att fira år så sköts lösa skott ifrån balkongen. Rosa tyckte att det var väl att ta i, men dömde inte. Det var ju så man gjorde där. När dagen närmade sig att de skulle åka tillbaka till Sverige igen uttryckte alla med glädje att de alla älskade Rosa. Rosa var lycklig över att ha gjort ett gott intryck och hon sa att hon älskade dem också. Nu kunde Troy vara stolt över henne!

Troy sa dock att hans äldsta syster hade fällt en kommentar till honom i enrum på påskdagen. Hon hade sett Troy höja rösten några gånger och svurit till Rosa.

Systern hade sagt att Rosa skulle sluta älska Troy om han fortsatte att skrika så på Rosa. Väl hemma i Sverige frågade nu Troy Rosa:

"Är det sant, kommer du att sluta älska mig om jag fortsätter att skrika på dig?"

"Nej då" försäkrade Rosa. Hon kunde inte se att hans aggressivitet skulle påverka hennes kärlek till honom. Dessutom skulle de lära känna varandra så djupt under åren, så hans utbrott skulle säkert avta, resonerade hon för sig själv.

Vardagen kom åter och både Troy och Rosa jobbade mycket och såg fram emot de mysiga fredagskvällarna med grillad stek och ett glas vin. De flyttade till ett litet gammalt hus som låg närmare deras jobb och de hjälptes åt att renovera det. Det var meningen att de skulle gifta sig den sommaren men kriget blossade upp i hans hemland så de kunde inte åka ner. Det var klart att de skulle gifta sig i Troys hemland – han hade ju så stor släkt som väntade på den förstfödde pojkens bröllop. De beslöt sig för att förlova sig i alla fall. Rosa var så lycklig. Att få tillhöra en så charmig man! De tog bilder på förlovningsfesten och Rosa hade på sig kläderna som Troy hade valt ut till henne i en exklusiv affär. Hon ville så gärna göra Troy stolt över henne.

Tron på Gud var inget man pratade om hemma i Rosas föräldrahem. Ju fler år Rosa gick i söndagsmässan kände hon sig så hemma där. Det kändes dessutom som om det fanns ett band mellan Gud, Troy och Rosa. Som om hennes tro var fastlänkad med Troy. Som om det inte var något liv med Gud om inte Troy var vid hennes sida.

Rosa kunde ibland känna av den tunga depressionen som Troy drogs in i. Rosa såg det som en självklarhet att hon skulle stötta Troy och försökte muntra upp honom, men det var svårt ibland eftersom han var ledsen över sådant som hade med svenskarna att göra. Han sa att de hade visat sig så fördomsfulla mot honom. Han blev också så ledsen när han såg människor som levde ensamma istället för att bo med sin familj. Men efter en period igen var han glad igen och då glömde Rosa också att han varit nedstämd.

Rosa hade under fem år fått lära känna Troy. Deras kärlek till varandra hade växt sig stark och Rosa var fast besluten att ägna resten av livet åt att göra Troy glad och stolt över henne.

TROY, ROSA OCH BARNEN

Ett år gick och läget stabiliserades i Troys hemland. De reste dit för att gifta sig. Samma gästfrihet utspelade sig som när Rosa varit där första gången. De gick från fest till fest. Bröllopsdagen regnade det och alla skojade och sa att det betydde att Rosa och Troy skulle få ett lyckligt äktenskap.

Ceremonin hade flera präster och Troy förklarade att det betydde att Rosa och Troy var ett mycket speciellt par. Allt var så fint med blomsterdekorationer och alla de kvinnliga gästernas färggranna klänningar i purpur, cyan och magenta. Rosa förstod ju inget av ceremonin för den var på Troys språk, men hon tyckte att det viktigaste var att hon stod här med sin livskamrat som hon älskade så mycket. Efter ceremonin togs många bilder på dem som de senare skulle sätta in i bröllopsfotopärmen.

När de kom ut ur kyrkan stod en limousine som skulle ta dem till festen. Rosa var lycklig och speciellt glad att få sin man för sig själv i limousinen. Hela förmiddagen hade hon ju enligt tradition varit förbjuden att se honom. Men det visade sig att när de kom in i bilen så kände Troy chauffören så han satt och pratade med honom hela vägen till festhuset. Lite åsidosatt kände sig Rosa, men tänkte att de hade ju hela livet framför sig! På festen visade bröllopsplaneraren hur de skulle posera för att ta olika foton, när Troy och hon höll i både det ena och det andra. Allt skulle symbolisera saker. Självklart gjorde Rosa som bröllopsplaneraren sa för att inte göra Troys familj besviken, men Rosa kände sig lite pinsam där hon stod och poserade. T.o.m. när hon skulle kasta iväg buketten var det hela iscensatt. Men alla ville ju så väl så Rosa förstod. Bara två nätter skulle de spendera på hotell. Det kändes lite väl kort men landet var ju i en osäker situation så Rosa förstod. Och bröllopsresan var de ju redan ute på eftersom de nu hade rest till hans land.

Rosa fick med sig en stor bröllopsfotopärm med minnen från bröllopet med videofilmer och de reste tillbaka till Sverige igen.

Äntligen var hon Troys fru!

Månaderna efter bröllopet var Rosa väldigt lycklig. Äntligen tillhörde hon sin man helt och fullt. De skulle skaffa barn och snart blev Rosa gravid. Troy tog väldigt bra hand om Rosa och barnet Rosa bar på. Allt som var bra för barnet gav Troy Rosa. Han såg till att hon fick vila när hon mådde dåligt. Inte ett ont ord till henne när han fick spendera tid ensam för att hon inte orkade. När de hade fester så lagade Troy maten och fixade allting.

Men inte för att de inte bråkade. Rosa kunde göra något fel som Troy blev arg över. En kväll ville inte Rosa hålla med om något som Troy sa så han tog tag i närmaste stol och drämde ena stolsbenet i väggen så det blev ett litet hål i väggen. Rosa var snabb med att försöka lugna ner Troy så inget mer hände och hon bråkade inte mer om det de var oense om. Varenda gång därefter då hon såg hålet så skämdes hon över hur hon kunde ha gjort Troy så arg. Rosa försökte alltid placera en kudde på soffkanten så hålet inte syntes. Det fanns aldrig en tanke i Rosas huvud att Troy skulle fortsätta att vara så "temperamentsfull". Hon såg varje incident som en enskild händelse och när Troy hade blivit lugn efter ett uppbrott så glömde Rosa helt händelsen.

Rosa kunde slänga ur sig ironiska kommentarer i deras bråk, som:

"Är du bättre eller?!"

"Så pratar man inte, man ska helt rättfram säga vad man tycker!" sa Troy.

Rosa tog verkligen detta till sig. Hon förstod att det var hon som kontrollerade om de skulle få en lugn samvaro, så var det upp till henne att inte starta med dåligt uppförande. Efter ett tag hade hon ändrat sitt uttryckssätt och var noga med att vara rak och fin i sina val av ord.

Älskade Bror föddes en varm sommardag. Förlossningen tog flera dagar och Rosa stannade länge kvar på sjukhuset så hon skulle få vila tillräckligt. Troy var stolt och när alla kom hem och gratulerade dem så bjöd han på massor av godsaker. Rosas moderskänslor var starka och hon visste att hon skulle göra allt för att Bror fick det bästa av allt. Tyvärr verkade han inte gå upp i vikt som han skulle och Rosa var orolig, men med tanke på att Troy verkade vara utom sig av oro så fick hon lägga energin på att lugna honom istället för att också med sin oro belasta Troy. Troy var verkligen fixerad på att hon skulle producera mjölk till deras son och Rosa blev mer och mer nervös. Till slut började hon ge Bror mjölkersättning istället – för huvudsaken var ju att Bror blev mätt och gick upp i vikt.

Månaderna gick. Rosa var hemma med Bror och Troy jobbade ofta till sent på kvällen. Rosa tog Bror i barnvagnen på långpromenader. Dels var det bra att hon förlorade övervikten och dels var det bara Bror och hon hela dagarna. De som hon kände hade förvärvsarbete. När Rosa blev gravid efter några månader så blev promenaderna jobbigare för hon hade en del ryggproblem, men hon lät inte det påverka sitt humör. Det var så fint när Bror vaknade upp efter middagssömnen och hon kunde ge honom tid att vakna i lugn och ro. Hon tog upp honom från sängen och bar honom till fönstret och så stod de där och hon pratade om de förbipasserande tills han hade blivit piggare. När mammaledigheten var slut började Rosa jobba igen på heltid och Bror var hos grannen som var dagmamma.

Helgerna skötte Rosa allt hushållsarbete. Hon brukade ta med sig Bror på lördagsmorgnarna och handla så Troy kunde få sova ut. Han jobbade ju så mycket och var trött på lördagsmorgnarna. Troy brukade skämta: "Byta blöjor, det är inget för en karl det!" så Rosa skötte det. Ville han inte så ville han inte. Det var ungefär när Bror började gå och springa hela dagen som hans viktkurva inte låg så högt som den hade legat innan. Troy började bli mer och mer orolig för Brors vikt. BVC sa dock att det inte var något fel alls på fine Bror. Han var helt normal, sa de. Rosa betalade för att gå till en specialist – som också sa att Bror följde sin viktkurva – och Troy klagade inte på ett tag. Rosa hade börjat känna en liten olustkänsla när Bror skulle äta – om Troy också var hemma. Det var som om Troy aldrig var nöjd med hur mycket Bror åt utan han skulle alltid tvinga honom att äta mer – när han redan hade ätit sin portion. Men Rosa ville inte bråka om det utan glömde känslan så fort måltiden var över.

Älskade Anna föddes ett år efter Bror och även denna gång tog Rosa ut hela föräldraledigheten. Nu blev det att göra hemma! Rosa försökte fördela tiden mellan barnen så gott hon kunde. Rosa kunde inte dia Anna länge heller och började mycket snart ge mjölkersättning till Anna. Hon tog många promenader med barnen och båda två fick plats i den praktiska barnvagnen. Men det var en kall vinter och hon visste ibland inte om det var bäst om hon tog på sig själv först eller barnen först. Antingen blev hon svettig i de tjocka kläderna eller så blev barnen otåliga av att vänta/krypa iväg i sina overaller! Troy jobbade fortfarande två jobb för att tjäna ihop extrapengar.

Rosas föräldrar som hade blivit pensionärer ville gärna sitta barnvakt om det behövdes men av någon anledning så gick Troy väldigt sällan med på det. Rosas föräldrar köpte presenter till barnen men vissa presenter gav Troy tillbaka till dem. Rosa såg att han var stolt och ville klara av försörjningen själv. Hon såg hur ledsna hennes föräldrar blev, men var tvungen att stå på sin mans sida. Troy hade nu blivit mer och mer öppen med vad han tyckte om Rosas föräldrar. Han tyckte inte de hade skött sina investeringar genom åren – och hade på så sätt inte brytt sig ekonomiskt om sina kommande barnbarn. Troy pekade bara på fakta och det verkade ju helt klart att han hade rätt när han argumenterade. Troy var så säker på sin sak.

Under denna period blev både Rosa och Troy arbetslösa och då Troy fick erbjudande om en bra tjänst i sitt hemland var det en naturlig sak att de skulle ta steget att flytta dit. Troy beskrev flytten för Rosas föräldrar som "några års utlandsvistelse" och sen skulle de komma tillbaka. Rosa förstod att han sa så till dem så det skulle bli lättare för alla.

Troy flyttade före Rosa så han kunde börja jobba och Rosa sålde av, magasinerade och ordnade transport av deras viktigaste grejer till hans hemland. Rosa visste att denna dag skulle komma. Troy hade alltid sagt att han ville återvända till sitt hemland. Rosa såg att Troy inte mådde bra i Sverige och hon såg fram emot att få tillhöra det underbara livet som Troy hade beskrivit i alla år. Troy skulle dessutom inte ha de ständiga konflikterna med Rosas pappa.

Rosa som var resvan såg fram emot att lära sig en ny kultur men avskedet från sina föräldrar på flygplatsen var tungt och de grät alla häftigt. Hon visste inte när hon skulle få se sina föräldrar igen.

HANS FAMILJ

Troy, Rosa och barnen skulle den första tiden bo hos Troys föräldrar och syskon – tills de hade hittat en lägenhet. Även nu jobbade Troy två jobb för att få utgifterna att gå ihop, vilket innebar att han kom hem sent när barnen hade somnat.

Rosa hade med åren i Sverige lärt sig att förstå en del av Troys modersmål. När de nu levde med hans familj jobbade hon mycket på att lära sig språket mer och mer. Hon pekade på saker och frågade vad det hette och memorerade det. Även hans släkt – som hon ofta träffade – pratade inte heller engelska – så hon förstod att det gällde att hon ansträngde sig varje dag tills hon kunde språket. Men det var ett tufft jobb – hon kämpade hela dagen och ansträngde hjärnan till max med att förstå vad som sades hela dagen – och försökte att få hans familj att förstå vad hon ville säga! Hon såg fram emot att träffa sin man om kvällarna – dels för att hon längtade efter honom och dels för att hon kunde prata utan att behöva anstränga sig!

Ibland var det som om familjens – och Troys liv – på något sätt pågick parallellt med hennes – utan att mötas. Hon kunde se att Troys äldsta systrar hade lämnat allrummet, där de satt och pratade på kvällarna, och efter ett tag visade de upp sig i finkläder och kappa och sa hej då och gick. Rosa var ju inte den som la sig i vad andra gjorde, men ibland kunde hon fråga dem vart de skulle gå. De sa bara "ut" eller "till en kompis".

Beslut blev tagna av hans familj utan att hon hade varit med i diskussionen. Rosa kunde t.ex. förstå att något höll på att hända – hon kanske såg dem hämta andra kläder i garderoben – och när hon frågade Troy så sa han:

"Jo vi pratade ju om att besöka mina kusiner."

"Jag gör mig och barnen klara!" skyndade Rosa sig att säga och hämtade barnen. Hon var mån om att passa in.

När Troy kom hem sent på kvällarna ville han inget hellre än att sitta och prata med sin mamma och syskon som fixade fram varm mat till honom. De rörde sig så hemtamt när de hämtade mat från köket till den rymliga matsalen och Rosa fick nästan en känsla av att om hon också började duka fram mat så "tävlade" hon med hans familj. Det kändes som om hon var det femte hjulet. Troy pratade givetvis sitt språk med dem och han tyckte inte det var artigt mot dem att prata svenska med Rosa – de skulle ju inte förstå vad han sa till Rosa - så han sa bara något kort till henne på svenska om hon frågade honom om något. Troy tyckte mest om att sitta i matsalen i flera timmar och småprata och skratta med sin familj som han inte hade träffat på så länge.

Rosa föreslog så många gånger att de kunde göra något bara de två, om det så bara var att promenera runt området, men Troys släktingar var på honom hela tiden om att de hade saknat honom så mycket och att han "bara måste" komma och besöka dem. Skulle Troy någon gång säga ja till en promenad med henne blev det också fel för han visste att de var iakttagna av alla i området. När Rosa ville hålla hans hand när de promenerade så kände sig Troy pinsam för att han visste att alla tittade på dem. Om Troy och Rosa någon gång tog en runda med bilen och Rosa såg ett fint ställe som de kunde stanna på och njuta av naturen, så var Troy rädd för att stanna. Han sa: "Det kan finnas minor efter kriget".

Så när de lämnade huset var det mest för att besöka en släkting och de satt i deras finrum i tjusiga fåtöljer med äkta mattor på golvet och drack te och pratade i timmar. Rosa såg det som bra tillfällen att leta efter ord - som hon hade lärt sig - i deras meningar, men ofta blev hon bara trött.

Rosa försökte inte lägga sig sent för att hon skulle orka gå upp när barnen vaknade. De var ju små så de gick upp vid samma tid oberoende om det var vardag eller helgdag. Lördagarna brukade Rosa spendera med barnen i ena änden av huset där köket låg. Det fanns två stora bord och många stolar så både familj och närmaste släktingar skulle få plats i köket om de ville det. Hon stängde alltid dörren så barnens prat inte skulle störa Troy och hans familj som låg och sov. Troy brukade stanna uppe och prata med sin familj ända tills småtimmarna. Rosa spelade spel med Bror och Anna, de målade med vattenfärger och byggde legohus. Hon var så glad att hon aldrig såg någon avundsjuka mellan Bror och Anna. På söndagarna tog hon dem ofta med sig till en tidig mässa. Efter kyrkobesöket kunde barnen leka i den lilla parken – springa av sig lite i solskenet – tills det var dags att åka hem och träffa alla när de åt sin frukost. Det kändes som om Troy och hon aldrig fick startat sitt liv utan bara anpassade sig till alla.

När Rosa bodde i Sverige tyckte hon mycket om att Bror hjälpte till med det han kunde hemma. Så han kände sig delaktig. Det kunde gälla småsaker i köket, dukning eller lägga mat i stekpannan. Nu kunde Rosa inte göra som hon ville. Det var inte hennes kök och inte ens hon fick komma nära diskbänken. Inte för att hon hade tid med det; nu hade hon två barn att ta hand om. De ville inte barnsäkra huset. De tyckte Rosa skulle bevaka dem istället. Det var ett stort hus med många rum för att välkomna gäster. Överallt stod fina vaser, glasbord och sköra prydnadssaker. Så Rosa levde hela tiden på helspänn. Barnen fick inte göra sönder något!

Troys mamma visade sig ha åsikter om hur mycket Bror och Anna skulle äta. Hon hade ju själv uppfostrat sex barn så hennes åsikt blev viktigare för Troy än det som Rosa sa. Troys mamma brukade springa efter barnen i huset när de lekte och när de inte "tänkte på det" så slängde hon in en sked med mat i munnen på dem. Rosa tyckte detta var ett konstigt sätt att lära barn att äta rätt, men hon bodde nu i någon annans hus och Troy höll med sin mamma. Rosas röst hördes inte. Det var också så att Sverige började kännas så långt borta och hon visste att det var viktigt att hon passade in i Troys land så hon började härma Troys mammas matningsprocedur av sina barn. I alla fall när hans familj var i närheten. Hur hon än gjorde så var barnen så ljusa i ansiktet så alla i familjen himlade med ögonen och sa med upprörd röst att barnen såg sjuka ut. Rosa förklarade gång på gång att det ju var en kall årstid och de var inte solbrända, men ingen lyssnade på henne. Det gjorde alltid ont i magen på Rosa när hon blev utdömd av dem att hon inte hade "matat" dem tillräckligt. Alla läkare de gick till sa samma sak; Brors och Annas hälsa var helt normal. Men Troy och hans familj lyssnade inte på läkarna.

Rosa fick en massa sjukdomar det första året; virus/influensor kom och gick och alltid var hon på en penicillinkur. Hon visste att husläkaren bodde på gångavstånd från deras hus och första gången hon hade blivit sjuk och behövde komma till läkare sa hon till Troy när han kom från jobbet att hon ville gå till läkaren. Rosa hade tänkt att eftersom hon visste var läkaren bodde så var det ju bara för henne att gå iväg dit. Läkaren hade sin mottagning öppen på kvällen. Men Troy reagerade häftigt: "Du får inte gå ensam! Vad ska andra säga om din man inte är med dig!" Rosa tyckte det var konstigt. I Sverige var det ju en självklarhet att hon gick ensam till läkaren. *Ville han kontrollera henne eller var läkarens åsikt att ingen kvinna fick gå ensam dit? Eller var det bara så i detta land?* Rosa kände sig instängd. Troy var upptagen så hon fick vänta två timmar tills de kom iväg till läkaren, men tur nog hade läkaren inte stängt mottagningen.

Rosa hade inte kunnat sova på de höga sovkuddarna i sängen så hon hade sovit med ett hopvikt badlakan som kudde i några veckor. Troys mamma lovade att hon skulle köpa en kudde till henne. Det tog ett tag och under den tiden påpekade Troy flera gånger att hon skulle vara väldigt tacksam över att Troys mamma var ute och köpte denna kudden till henne. Nog för att Rosa skulle tacka så hjärtligt för kudden men det var något i Troys röst som hon inte förstod.

Vid denna tid var vanlig post den enda kontaktmöjligheten hon hade med Sverige och den tog veckor att komma fram - om den kom fram – och ett litet privat telefonkontor som hade tre telefoner man kunde ringa ifrån. Det var dyrt, inte alltid kom man fram, och det skrapade och ekade på linjen.

Under tiden hos Troys familj kunde Rosa känna ett raseri som hon inte visste var det kom ifrån och som hon visste att hon inte var tillåten att känna. Troys familj bjöd ju faktiskt på mat och husrum och Troy gav ju Rosa pengar till att köpa saker till barnen. Ibland när hon var ensam i rummet, som Troy, barnen och hon sov i, slog hon knytnävarna i sin kudde och grät med ansiktet i kudden så ingen skulle höra henne. Hon längtade sig långt bort – *men vart och varför? Detta var ju hennes liv. Hon hade ju sin man och barnen bredvid sig.*

Känslan av att hon måste visa Troys familj att hon var den pålitliga kvinnan fanns alltid inom Rosa. Att hon inte var den "svenska flicka" som ryktena spred. Den som lämnade skeppet när det blev svårt. Den som var självisk och struntade i barnen. Hon var tvungen att visa att hon minsann kunde hålla ut i svårigheter. Att barnen kom först. Troy sa ju alltid att han satte barnen först och sig själv sist. Så Rosa fick inte prata om att hon ville ha något själv. Rosa måste vara som de kvinnorna Troy berättade om - från hans land. Ju mer Rosa visade att hon ville göra saker precis som hans mamma och syskon gjorde det så blev Troy glad – och då kände sig Rosa nöjd.

Men många gånger gjorde Rosa Troy besviken och han gick hemifrån på morgonen utan att säga hej då. Rosa var utom sig av skuldkänslor. Rosa kunde ringa honom till jobbet på dagen men han svarade inte. När kvällen kom jobbade han på sitt kvällsjobb och Rosa brukade fråga några av Troys storasystrar om de kunde hjälpa henne att välja kläder till henne. Hon ville se så snygg ut som möjligt för hon tänkte besöka honom – i hopp om att om han såg henne extra snygg så skulle han vekna och börja prata med henne igen. Ibland veknade han, ibland fick hon åka hem utan att han hade pratat med henne.

Rosa såg att det viktigaste för Troys familj var att hålla Troy lugn.

Det var ingen som frågade Rosa vilken kultur hon kom från; hur man gjorde det eller det i Sverige. Det var som om hela Rosas liv i Sverige blev avklippt på historia dagen hon anlände till Troys land. Men i Troys familjs hem så ville hon ge sitt bästa och hon utgick naturligtvis från att de gav henne deras bästa.

Efter snart två år i Troys familjs hem frågade Rosa Troy om hon skulle kunna få pengar till att hälsa på sina föräldrar i Sverige. Troy sa direkt: "Nej, det finns inga pengar." och slöt sig i sitt skal. Det var som om hennes hjärna stängdes av. Hon visste inte vart hon skulle ta vägen, utan la sig i sin säng. Troy pratade inte med Rosa den kvällen. Dagen efter när hon satt i köket och gjorde en fruktsallad till barnen, kom en av Troys storasystrar in i köket med en tårta från konditoriet. Medan hon la in den i det stora kylskåpet frågade hon:

"Du har inte sett dina föräldrar på länge! Varför åker du inte och besöker dem?"

"Det finns inga pengar till det säger Troy."

"Du är så svag som inte kan säga emot din man!" slängde hon ur sig och lämnade köket.

Rosa satt stilla och kände vanmakten kyla sin kropp. Trots att det var mitt i sommaren.

Ibland när Troy och Rosa träffades på kvällen och alla i huset sov kunde Rosa i ren panik skaka Troy i axlarna när han inte lyssnade på henne. Hon kunde inte förstå varför han inte lyssnade på henne. Han hade ett stelt ansikte och bad henne många gånger att bara gå och lägga sig och sova.

Det tog längre tid än väntat att hitta en lägenhet. De körde runt till områden de blivit tipsade – då Troy hade tid att köra. Det skulle också finnas någon som tog hand om barnen samtidigt. Det slet på Rosas och Troys relation när de inte hade ett eget hem tillsammans. Ja, Troy sa ju att han gärna hade levt kvar hos sina föräldrar; han tyckte det funkade fint, men för Rosas skull skulle han leta efter något eget. Rosa längtade efter att äntligen få rå om sig själv, ha kontroll på var livsfarliga saker som saxar lades i huset, barnsäkra eluttagen, ha barnen i en rökfri miljö, pynta rummen, osv. När Troy och hon fick sitt eget hem skulle nog allt lugna ner sig.

Det tog drygt två år tills Rosa och Troy fick något eget.

HANS HEM

Det var dags för Troy och Rosa att flytta in i sin egen lägenhet. Rosas humör var på topp dagen hon fick nyckeln av byggnadsingenjören! Rosa hade också haft möjlighet att bestämma lite av väggfärgerna så det kändes också som om hon haft lite inflytande. *Åh, äntligen skulle livet börja!* Nu kunde Troy och hon göra som de ville; de kunde skapa ett hem tillsammans med barnen. Det skulle göra mycket för deras sammanhållning, tänkte Rosa. Rosa sydde gardiner till allas sovrum och tv-rum. Hon fick fria händer från Troy. Troy ville dock inte göra något direkt i finrummet ännu och det var ok för Rosa. Huvudsaken att de hade sängar och köksbord så kunde allt komma tids nog, tänkte Rosa.

Månaderna gick och Rosa fick i ordning allt på ett trevligt sätt. Hon satte upp de små dekorationerna som de hade fraktat från Sverige och hittade bra pris på småsaker som behövdes. Troy hade inga problem med hur hon dekorerade. Ibland sa han förklarande att:

"Det är ju ändå inga gäster som kommer in i våra privata rum i lägenheten."

Rosa förstod egentligen inte vad han menade men eftersom rösten var lugn så kände hon att allt var ok.

Rosa lärde sig snabbare och snabbare att prata landets språk så hon kunde klara sig själv ute i affärerna. Det var dock en lång väg tills hon förstod allt. Hon tyckte om när människor som hon inte hade träffat förut var så imponerande av att hon kunde prata deras språk och hon kände sig mycket stolt då! En kusin till Troy tyckte däremot att det var kul att retas med Rosa. Han var lika lång som Troys pappa och när han pratade gestikulerade han vilt med sina långa armar. Han sa ord och meningar till henne som hon inte kunde ännu och bad henne upprepa vad han hade sagt. Han skrattade så magen guppade när Rosa uttalade orden fel. Det var också oftast ord som "en fin flicka inte sa". Rosa kände sig osäker och bortgjord när hon fick reda på det, men ville inte säga emot. Hon var ju ändå hemma hos kusinen. Så hon log och hängde med i "skämtet". Troy tyckte alltid dessa skoj var jätteroliga.

Det var dags att söka möbler till "finrummet", vilket tog många veckor. Troy visade verkligen vilken rädsla han hade för andras åsikter. Om han inte hade en uppsättning möbler som var tillräckligt "fin" skulle alla gäster döma honom, sa han. Troy frågade alla i sin omgivning vilka sorts möbler finrummet skulle ha. Rosa tyckte han överdrev en del – det var ju ändå deras hem – men ville inte säga något så han kände sig dum – så hon kommenterade inte. Rosas smak dög inte för detta finrum, tyckte Troy. Rosa tyckte om så enkel ren stil som möjligt. Hon tänkte mest praktiskt. Enkla ytor av trä som var lätta att rengöra. Det var ju så mycket damm i luften i hans hemland och dammet hamnade överallt. Till slut hade Troy frågat tillräckligt många människor om vad de tyckte passade in så de möblerade finrummet. Det var en vacker soffgrupp, tyckte Rosa, men det skulle visa sig att damm skulle synas väldigt lätt på den.

Nu kunde de äntligen bjuda in fint folk och ha fina middagar med Troys arbetskollegor. Troy tyckte om att visa upp att han hade en fru som lagade – för dem annorlunda och exotisk - svensk mat. De kunde bjuda in olika släktingar på kvällarna. De kunde ta emot folk som droppade in på kaffe. Rosa försökte hänga med i konversationerna, men hon förstod inte mycket. När hon hade formulerat en mening i huvudet som skulle passa till det de sa verkade de ha bytt ämne… Det var väldigt ansträngande för Rosa. Ibland frågade Rosa Troy lite tyst om hon hade förstått skämtet som de hade sagt och då kunde han skrattande berätta skämtet på svenska och alla satt och väntade på henne att hon skulle skratta. Det kändes alltid så krystat, men hon var ju tacksam mot Troy som hade översatt. Det var svårt att få fram ett skratt då alla väntade, men hon var ju artig och ville inte såra dem så hon försökte göra så gott hon kunde. Rosa var rädd att göra bort sig. Hon var osäker på när det var passade att bjuda på den eller den saken. Hon kände sig obekväm med att truga. Det kändes så krystat – som att spela teater. Det var bara det att Troy ofta blev så arg efter gästerna hade gått. Hans ögon blixtrade av ilska och han skrek på Rosa att hon inte hade utfört sin värdinneplikt:

"Du har förolämpat gästerna med att bara sitta tyst! Nu kommer de aldrig att vilja komma tillbaka till oss!"

Rosa teg. Hjärtat började banka i dubbel fart och hon skakade. Det fanns inget utrymme att säga något. Hon visste att han inte skulle lyssna på henne vad hon än sa. Däremot hade hon inte märkt något konstigt ifrån gästerna, de verkade ha skrattat och engagerat sig i diskussionerna. De verkade inte vara förolämpade. Det var som om hon hade en bild av verkligheten och han hade en helt annan. Tankarna snurrade. Hon försökte förstå.

Ibland var Troy vansinnig när gästerna hade gått - ibland sa han inget utan kunde bara gå direkt till tv-soffan, riva åt sig fjärrkontrollen, sätta på tv:n högt och sluta sig i sitt skal. Rosa blev fruktansvärt rädd för hans utbrott – vare sig han var verbal eller vägrade prata. Hela kroppen blev stel. Hjärnan gick som in på överlevnadsläge. Det enda hon kunde tänka på var hur hon skulle få honom lugn igen. Det fanns heller inget utrymme för henne att förklara sig – han var för arg.

När han äntligen efter några dagar hade lugnat ner sig var Rosa så lättad att han pratade med henne igen så hon ville inte ta upp händelsen.

Så kom äntligen sommaren då Rosa kunde få komma till Sverige och sina föräldrar! Bror och Anna skulle vara med henne och Troy skulle bara komma en vecka. Hanna bodde i Norrland och hade ingen möjlighet att ta semester under denna tid. När Rosa anlände svensk mark föll många tårar; det var ju så roligt att få se allt hemvant igen! Träffa sina föräldrar och prata sitt språk. Barnen gladde sig åt att åka ut och fiska med morfar på den stora sjön bara några kilometer från föräldrarna. Rosa inandades välkända dofter av träden och de klorofyllskinande gröna ängarna. Axlarna sjönk lite längre ner och ett lugn for över henne. Nu kändes det hemvant igen när de hade en fest med släktingarna. Rosa visste vad som gällde. När någon sa "ja" eller "nej" så betydde det just det! Sommaren försvann alldeles för snabbt. När det var dags att packa kände Rosa olust i hela kroppen, men sa till sig själv att det var härligt att vara på semester men det kan man inte leva av. Hon grävde ner känslorna någonstans långt in. Rosas föräldrar körde dem hela vägen till flygplatsen. Både Rosas föräldrar och Rosa grät floder av tårar, men hon kramade om barnen extra hårt och gick in i flygplanet.

Rosa älskade att ta hand om Bror och Anna! De gav henne också styrka när de hoppade upp i hennes knä och la armarna runt hennes hals. Rosa spenderade all tid med dem efter att de kommit från skolan. De åt middag, sen lekte de en stund före hon hjälpte dem med läxorna. De la pussel, spelade Monopol eller andra spel, lekte bollekar, lekte affär eller lekte med lego. Inför vissa helger bakade de kakor tillsammans. På somrarna lärde Rosa dem hur man simmade när de var i simbassängen eller lekte i sanden och gjorde "sandhus". Hon läste sagor för dem om kvällarna, sjöng för dem så de somnade, gick upp på natten när de behövde något och väckte dem varje morgon inför skolan. Hon borstade Annas blonda lockiga hår, som ofta ville tova sig, och Brors krulliga ljusbruna som alltid hade sin egen vilja.

Var de hemma så gjorde hon dem sällskap med att se på deras favoritprogram på tv:n. Var de inbjudna till kompisar körde hon dem dit. Barnen hade också många aktiviteter som hon körde dem till.

Rosa lagade deras favoritmåltider, köpte julklappar till dem, spelade in tv-program som hon visste att de skulle uppskatta, tog dem till roliga matställen och köpte deras kläder.

Rosa lärde dem att leka rättvist med andra och att följa reglerna när de spelade spel. Hon tröstade dem när någon hade varit dum mot dem och lärde dem att respektera andra. Hon uppmuntrade dem när de inte trodde att de skulle klara av en sak. Hon körde till skolan och hämtade dem när de hade blivit sjuka, körde dem till läkaren och gav dem medicin när de behövde det.

Rosa älskade sina barn och tyckte de var underbara; Bror med sin nyfikenhet att ständigt lära sig och Anna med sin tillgivenhet.

Troy missade mycket av barnens uppväxt då han jobbade mycket, men han verkade inte vilja prioritera lek med dem när han var hemma. Han slängde dem i luften så de kiknade av skratt, han kunde "skämtsamt" bita dem och kittla dem, men han lekte aldrig en lek med dem eller tog dem till en lekplats för att ha skoj med dem. Kom hela familjen till restaurang där det fanns en lekplats lekte barnen ensamma eller med Rosa. Troy föredrog att sitta stilla och umgås med de äldre.

Troy hade en mycket strängare bild av hur barn skulle uppfostras. Rosa trodde på att prata med barnen så de förstod vad de hade gjort fel – eller helt enkelt när de var mindre – hålla barnen borta från de miljöer där det fanns sådant som de antagligen kunde göra sönder/skada sig på. Troy drog barnen i öronen eller hotade med att smiska med pinnen eller smälla dem med livremmen. När de grät så skrek han: "Sluta gråt!". Troy sa att han "inte hade blivit något fel på" och att han minsann hade blivit slagen mycket när han busade hemma. När han berättade om det så verkade han på ett skrämmande sätt stolt över det och log när han pratade om det. När Troy skrämde barnen så opponerade sig Rosa i början för att skydda barnen, men detta gjorde Troy ännu mer vild, hans ögon blev mörkare, han hytte med knytnäven i luften och skrek:

"Du har inget att göra med detta. JAG uppfostrar barnen!"

Hon kände sig så maktlös och rädd. Hon lärde sig att när han skrek så måste hon stå bredvid och hålla tyst. Annars blev han ännu värre.

Troy kallade både henne och barnen hemska ord som "dumma i huvudet" och "idioter" om de inte hade gjort något på hans sätt. Hans befallningar och utskällningar kom lika oväntat som ett bombnedslag. De var helt oförberedda. Rosa kände total maktlöshet och hon la skulden på den enda som det gick att lägga skulden på - henne själv. Hon skulle på något sätt se till att så att Troy inte skulle bli arg. Troy skrek ju också "denna värdelösa mamma som inte kan uppfostra er" när barnen var bredvid dem, så hon kände skuld i att hon gjorde fel när hon uppfostrade barnen.

Rosa hade ingen hjälp från någon. Hans familjs önskan var att hålla Troy lugn och glad. Hans samhälle hade inga lagar för kvinnor. Hon var så långt hemifrån. Hon hade inga pengar. Dem hade de investerat i Troys företag. Så det enda Rosa kunde göra var att glömma vad som hade hänt och lära barnen att de gånger som pappan gjorde något skrämmande så skulle de låta det gå in genom ena örat och ut genom det andra. Rosa sa till dem att de inte skulle lära sig av pappans felaktiga uppförande.

På lördagar och söndagar brukade Troy och Rosa oftast äta middag tillsammans med barnen. I början såg Rosa fram emot att vara tillsammans allihop, men efter några år utvecklade sig ett mönster. Barnen var glada att sitta ner för de var hungriga, de åt lite, sen började de "få myror i benen" och ville klättra ner från stolen. Rosa uppmuntrade barnen att sitta och äta. Troys ögon blev svartare. Barnen började gnälla. Troy skrek. Barnen blev rädda.

"Öppna munnen! Svälj maten!"

Anna grät.

"Du din f-b-e svenska som inte kan uppfostra barnen till att sitta stilla! Du är precis som dina föräldrar! Ingen kontroll på något!"

Rosa försökte febrilt hålla stämningen uppe med att försöka prata om saker som Troy tyckte om eller vad de skulle göra senare, men han var oböjlig:

"BARNEN SKA GÖRA VAD JAG SÄGER! JAG vet hur mycket de ska äta!"

Rosa höll tyst.

Om Rosa inte DIREKT höll tyst så kunde han krascha ett glas i diskbänken. Hon vågade definitivt inte säga något när Troy blev så vild. Rosa började få en olustkänsla bara helgen närmade sig. Hon tänkte på vad som skulle hända vid nästa middag. Om hon hörde att Troy var tvungen att åka någonstans – och skulle äta där – sjönk Rosa ihop av lättnad. Hon visste att barnen och hon inte skulle utsättas för skrik när de skulle äta middag.

Alltid hade Troy rätt i allt som gällde barnen. Om hon inte höll med om hans åsikter så fick hon betala för det. Hans ögon blev svarta och han hytte med knytnäven. Hoten kunde också bestå av en subtil mening. Om Rosa tog på barnen "för lite kläder" enligt Troy, kunde hon få domen: "Gör som du vill. Om barnen blir sjuka är det ditt fel." Eftersom Rosa spenderade varje vaken tid med barnen såg hon hur svettiga de blev när hon klädde dem som han ville. Inte lyssnade han på Rosas åsikt när hon sa att de skulle bli för svettiga i för mycket kläder. Rosa levde i fruktansvärd stress att de skulle bli sjuka - vilket alla barn blir... När han "fick rätt" var det fruktansvärt för Rosa att höra hans utskällningar. Ibland tog han barnen hem till sin mamma för att fråga hur barnen skulle bli friska igen – eftersom Rosa, mamman till Bror och Anna, hade misslyckats med att hålla dem friska. Rosa förstod att det inte var så viktigt att det var hon som var deras mamma. Det var som att mattan rycktes bort under Rosas fötter varenda gång Troy gjorde så.

Rosa ville gärna att barnen skulle få klä sig lite ledigare än kostym och klänning till kyrkan på söndagarna.. Hon försökte prata med Troy om detta. Troy var mycket övertygande om varför barnen skulle vara klädda på detta sätt. Han blängde på Rosa med spända ögon och sa: "Vad tror du andra ska tycka om mig om jag låter barnen gå klädda slarvigt!" Rosa försökte säga att man kunde gå lite ledigare klädd utan att det blev slarvigt, men Troy lyssnade aldrig utan sa att hon hade fel.

Kläderna kunde vara ok en gång, men inte en annan. Hon kunde förstå senare att just den dagen skulle fint folk komma till kyrkan och då skulle barnen ha på sig finare kläder. Om det blev skrik på morgonen för att barnens kläder inte var fina nog – och de var tvungna att gå hemifrån och inte hann byta kläder – satt Troy hela tiden i kyrkan som ett åskmoln. Han sa hemska ord då och då under mässan, så hon var oförmögen att koncentrera sig på vad som föregick i kyrkan. Hon satt stel som en pinne och bara väntade på nästa hemska ord. Varje söndagsmorgon vaknade Rosa med knuten i magen.

Troy och Rosa gick väldigt sällan ut någonstans på kvällarna. Barnen var ju små. Om det kom något tillfälle så ville inte Troy gå ut med "bara Rosa". Troy tyckte alltid att det "hände mer och var roligare" om de var några stycken. Rosa ville inte beröva honom det som han tyckte var roligt. Han jobbade ju så mycket. Men hon fick en känsla av att hon inte var tillräcklig för honom. *Skrattade hon inte tillräckligt åt hans skämt? Var hon tråkig?*

Ofta kunde Troy, helt utan förvarning, brusa upp mot Rosa. Hon hade gjort något fel. Utan att Rosa tyckte att hennes tidigare relationer hade något med saken att göra tog Troy upp det och påminde henne hur ovärdigt hon hade levt före han kom in i hennes liv. Som för att bevisa att hon var ovärdig för hon hade gjort något ovärdigt. Han hytte med fingret mot henne:

"Du har haft FLERA killar i din säng före din man! Du ska vara tacksam att du fått gifta dig med en så bra man som jag!"

Rosa höll tyst och tittade ner i golvet.

"Vilka föräldrar du har som tillät dig ha relationer före äktenskapet!"

Hennes ögonlock höjdes lite och hon sa:

"Det är ju normalt i Sverige..."

"ÄR DU STOLT ÖVER DET?!! Din j-a svenska!"

Rosa teg.

Detta ämne återkom Troy ofta till. Rosa kunde inte göra något åt det utan kände sig lika skamsen varje gång.

Det var inte bara i Sverige som Troy slängde saker i golvet – när han blev arg. En kväll när Troy kom hem så tyckte han inte om en sak som Rosa hade sagt. Han tog en krukväxt och slängde den i det hårda marmorgolvet. Rosa blev stel som en pinne. Troy lämnade rummet och hemmet och slängde igen ytterdörren bakom sig. Rosa gissade att han åkte till sina föräldrar för att må bättre. Rosa fick tänka på barnen. Hon var tvungen att snabbt få upp alla porslinsbitar och krukväxtjord om barnen skulle ha vaknat av Troys röst och kraschen av porslin i golvet. Ett tag efter Rosa hade städat upp så ringde hon hans föräldrar för att se om det var där han var, för att fråga hur han mådde. De sa att han meddelade att hon kunde gå och lägga sig för han skulle inte komma hem förrän sent. Rosa gjorde så och var tacksam när hon äntligen kände sömnens skydd komma över henne.

Det blev många tårar för Rosa under de första åren. Hon kunde inte förstå hur Troy kunde prata på ett så ovänligt sätt och skälla ut henne så mycket, prata så nedvärderande om henne t.o.m. framför barnen.

"Det är bra att barnen ser sanningen. JAG måste leva öppen framför mina barn. Då vet de vad som pågår!"

"Men..." försökte Rosa.

Troy satte fingret över sin mun och sa:

"Sch! Inte ett ljud från dig!"

Rosa sprang ofta till sängen och grät hejdlöst i kudden. Hon fattade inte hur det hon hade gjort kunde få honom så otroligt ur balans. Hon kände bara maktlöshet. Troy kunde ibland, för att få stopp på hennes gråt, putta in barnen i sovrummet och säga med uppfordrande kall röst: "Här kommer barnen. Nu måste du ta hand om dem." Givetvis tog hon sig samman och tog hand om de ledsna barnen. Troy gick oftast hemifrån eller satte sig tyst framför tv:n i timmar. Efter några timmar kände sig Rosa så utestängd från Troy när han vägrade prata med henne så hon kom sakta till honom och pratade med så snäll röst som möjligt – i hopp om att han skulle bryta tystnaden. Hon bad om förlåtelse, tog på sig ansvaret för vad som hade hänt och lovade att hon se till så det inte hände igen. Det var värt allt när han började tina upp och tog henne i sin famn igen.

Rosa var en lojal person av naturen och det var en självklarhet att hon skulle lyda sina äktenskapslöften. Bara för att det blev mycket problem skulle hon aldrig lämna sin man. Han var hennes till döden. Detta pratade också Troy ofta om. Han skulle "aldrig skilja sig" och "det gjorde bara syndiga människor".

Självklart kunde Rosa inte berätta för sina föräldrar om alla dessa bråk som Troy och hon hade. De bodde alldeles för långt borta och Rosa kunde inte oroa dem. Inte heller skulle Rosa säga något till dem på de få fina veckorna de träffades på somrarna. Då ville ju Rosa bara njuta. Nej, det var Rosas äktenskap och allt skulle säkert bli bättre, tänkte hon.

Vardagarna gick sin gilla gång med att få iväg barnen till skolan, göra i ordning i hemmet på förmiddagen, handla matvaror, åka iväg och betala räkningar, pynta hemma, laga mat, hjälpa barnen med läxorna, ta emot Troy när han kom från jobbet på kvällarna och göra honom sällskap. Bror och Anna hade oftast lagt sig när han kom hem.

Troy var pedantisk med städning. Ja, alltså att Rosa skulle hålla huset tip top. Hans mamma var lika pedantisk med städning så han hade växt upp så. Visst, Rosa städade varje vecka – och tyckte det räckte. Men i Troys hemland fanns det sand i luften hela tiden som kom in genom de öppna fönstren och la sig på glasskivor och marmorgolv. Troy kunde inte leva med stängda fönster utan han ville alltid ha det "öppet och fritt". Dessutom var det så varmt så Rosa var tvungen att ha öppet annars blev det som en ugn inomhus. Oräkneliga gånger skrek Troy hennes namn ifrån en plats i huset. Rosa kom rusande till honom för att se vad som hade hänt. Troy visade demonstrativt med att dra fingret utmed en glasskiva och satte fingret mellan ögonen på Rosa.

"Se vad smutsig du är! Hur kan du leva så här!"

Rosa kunde inte säga något till försvar.

Hon kände sig så förnedrad och började damma alla ytor igen – de som varit rena den morgonen. Dammet var en aspekt hon inte kunde vinna mot. Med tiden lärde sig Rosa att känna igen Troys röst när han skrek: "Rosa – kom hit!" Det kändes som om det gick en elstöt genom magen. Hon visste att hon skulle gå emot en förnedring – igen.

Nästan den första dagen på Brors skoldag så träffade Rosa en förälder som också var utländska, Bea. Bea var den snällaste Rosa hade träffat i sitt liv. Bea log alltid – även när hon gjorde något så tråkigt som att diska! Sitt långa blonda hår hade hon oftast hastigt fått upp på huvudet med ett hårband. Hon hade endast positiva och uppmuntrande saker att säga om alla människor. De trivdes verkligen bra ihop och de hittade på många kul saker med barnen. Ibland var deras män också med. Rosa såg att det fanns en skillnad mellan Beas man och Troy; Beas man hade inga problem med att byta blöjor på sin minsta och han lekte och gosade med alla sina barn. Han hade stora glasögon och skojade alltid att det var för att han skulle kunna se alla barnen på samma gång. Troy satt bara stilla på sin stol hela tiden när de var någonstans med Beas familj. Rosa märkte att Troy mest ville prata politik med Beas man, men när inte Troy var med så kunde Rosa sitta i deras hemtrevliga kök med krukväxter och örtplaneringar överallt och prata med paret om andra frågor som rörde barnen, olika länders kultur, skolfrågor osv. Så när Rosa besökte Bea i deras hem kändes det så avslappnat även om hennes man var hemma.

Skolan som Bror och Anna gick i var en populär skola för engelsktalande utlänningar. Det var också där som Rosa hittade de flesta vänner. Där fanns Agnes från Frankrike, liten som en sparv, Sarah från USA, lugn och trygg, Jacqueline som hade haft bageri i Kanada och så Bea såklart. Det kändes lättare för Rosa att bli vän med utländska kvinnor som kunde känna igen sig i sådant som Rosa upplevde. Saker som att lokalbefolkningen var mest intresserad av att lära ut sina traditioner och inte var intresserad av utländska kvinnors traditioner, att de överlät barnuppfostran till främmande barnflickor och att de såg snett på Rosa och hennes vänner om de inte lagade samma mat som dem eller dekorerade sina hem på samma sätt som de gjorde. Alla vännerna hade ju också längtan efter sin familj i sitt eget land. När Rosa umgicks med sina vänner kunde hon vara sig själv. Ingen där såg snett på henne om hon inte gjorde saker "som man alltid hade gjort dem". Rosa skrattade mycket med sina vänner. När vännerna ställde till med fest som inkluderade sina män ville inte Rosa komma och kom med en ursäkt. Skulle Troy ha gått med skulle Troy haft ögonen hela tiden på vad Rosa och barnen gjorde. Om de gjorde något fel skulle de få betala för det när de kom in i bilen på väg hem.

Rosa bjöd sällan hem sina vänner. Eftersom Troy bestämde samtalsämnet; politik, vem som hade makten, o.s.v., ämnen som inte Rosa var intresserad av, så var det bara tröttande att sitta och lyssna honom när han pratade på. Hon kunde inte ha skoj med sina vänner och prata om sådant som de oftast tyckte om att prata om. Detta gjorde att hon mer och mer undvek att bjuda hem sina vänner när hon visste att Troy var hemma.

Rosa började också känna igen mönstret när Troy hade bjudit hem gäster. Hon kände hur Troy var spänd hela tiden när gästerna var där. Troy satt vid ändan av middagsbordet som en ledare. Det var som om han behövde känna att han var i centrum hela tiden. Rosa ville knappt titta på honom under kvällen – för hon visste vad som skulle hända när gästerna hade gått. Hon skulle säkert ha gjort något fel och skulle bli utskälld av Troy.

Troy visade sig kunna slå på/slå av sitt humör när gäster kom. Även om han hade skällt ut Rosa precis före det ringde på dörren kunde han svänga om och bli den mest trevligaste värden när gästerna var där – han kunde även skämta med Rosa framför gästerna – men så fort gästerna hade gått gick han tillbaka till att vara rasande mot Rosa. Detta gjorde Rosa så snurrig i huvudet. Hon fattade inte något. Hon visste bara att hon måste bli bättre på att ge mer, ge mer kärlek, tillfredsställa honom i allt, hålla tyst när han blev våldsam och låta honom bestämma över det som de inte var överens om. Allt för att försöka behålla husfriden så barnen kunde få det lugnare hemma.

Troy förklarade alltid för Rosa:

"Jag är så här. Jag är skapad med temperament. Du är en lugn person. Alltså får du vara den som är ansvarig för att vi ska må bra ihop. Sköter du dig inte så blir jag arg. Det är ditt fel om jag blir arg."

Rosa tog alltid till alla krafter hon hade för att förstå Troy. Hon ville att de skulle ha det bra tillsammans, men inom henne fanns en känsla och under Troys lugna stunder försökte hon:

"Vi är alla ansvariga för våra egna handlingar."

"Nej du har fel, det är du som är ansvarig för att hålla mig på gott humör."

Första gången Rosas föräldrar kom på besök ville Rosa visa att allt var positivt så de skulle få se att hon mådde bra. Det blev också många middagar som Troys släktingar bjöd in till. Rosa tyckte det var bra för då fick de se att hon bodde bland givmilda människor. Troy bjöd på middagar ute på stan och de körde runt i landet i flera bilar då många i släkten åkte med. Troy var stolt över att visa sitt land för Rosas föräldrar – och var följaktligen på bra humör. Rosas föräldrar åkte lugnade hem då de sett att Rosa mådde bra.

Rosa höll på att driva sig själv till vansinne med att försöka göra honom nöjd med sitt utseende när de skulle ut på fest. Hon provade massor av olika frisörer i området. Troy skällde nästan alltid på henne när hon kom från frisören och ibland fick även frisören tillsänt sig en förbannelse i form av en svordom. De första åren gick Troys mamma eller syster med Rosa till frisören. Rosa tyckte det kändes lite förnedrande men hon hoppades att om DE förklarade för frisören hur Rosa skulle se ut så skulle väl frisyren bli lyckad! Men inte då... Rosa blev utskälld av Troy när hon kom hem. Ibland när Rosa försökte förklara för Troy att frisören faktiskt "var väldigt duktig och känd" - så blev det Rosas fel att hon inte kunde förklara på rätt sätt till frisören. Någon gång kunde Troy säga att frisyren var fin, så nästa gång Rosa behövde göra sig fin gick hon till samma frisör och bad om samma frisyr. Rosa kom hem - och Troy skrek. Hon fattade ingenting. Hon levde i osäkerhet och förvirring och levde i rädsla för nästa inbjudan till bröllop eller fest.

Genom åren försökte Rosa att få Troy att förstå att hon hade en annan klädstil än den som han ville att hon skulle ha på sig till fest.

"Inom alla stilar så finns det festkläder.", försökte hon och hon försökte förklara för Troy att alla inte har samma smak, men han ville aldrig lyssna på henne.

"Det finns bara fin stil och dålig stil. Rätt eller fel. Det är vitt eller svart, några gråzoner finns inte."

Så varje sådant försök från Rosas sida slutade alltid i nederlag. Troy kunde ta hennes klädesplagg och slänga dem i golvet och skrika:

"Vad är det för skitkläder du köper! Jag skäms att gå ut med dig i dessa kläder!"
Varje gång blev Rosa stel av rädsla, och lärde sig vilka kläder hon definitivt inte skulle ta på sig mer i hans närhet. Hon hade dem istället på sig när hon träffade sina kompisar och kunde vara sig själv.

Livet var svårt för Rosa när han använde sig av "silent treatment"; att han vägrade svara henne av någon anledning för att han var arg på henne, när han inte brydde sig om vad hon tyckte eller ville straffa henne. Rosa tog till många förnedrande handlingar för att han skulle prata med henne igen. Hon var förnedrad av vad han hade gjort mot henne den dagen och sen förnedrade hon sig själv ännu mer i förhoppning att hon skulle kunna bryta igenom hans mur så han skulle tala med henne igen. Dagar av tystnad. Det var inte lätt för Rosa att veta hur han ville att hon skulle uppföra sig eller vad hon skulle ta på sig för han ändrade sina åsikter utan förvarning...

Ibland fick Troys tystnad Rosa att känna sig panikslagen, efter dagar av hans tystnad. Till slut slängde hon sig i hans knä – där han satt i soffan – och grät i ren förtvivlan.

"Allt du kan göra är att gråta!"

Rosa förstod inte. *Hur kunde Troy tro att hon hade förmågan att gråta för att hon ville det??*

Eftersom Troy ville hänga med i societeten så fanns det många bröllop och fester som Troy och Rosa gick på. De första åren var ju allt nytt och spännande. Troy ville gärna visa upp sin utländska fru och han ville gärna att de skulle dansa så alla såg dem. Rosa gjorde sitt yttersta för att imponera – det var ju så härligt med applåder efteråt! I societeten pratade de flesta också engelska så Rosa hade ofta någon som hon träffade och pratade med. Då sov barnen ofta över hos farföräldrarna så Rosa kunde sova ut morgonen efter.

Problemet var att ju fler år som gick så började det synas så tydligt hos Troy att han var nästan frenetiskt noggrann med vad Rosa tog på sig. Troy började involvera en släkting som han tyckte att hon hade god smak – för hon köpte in kläder från Italien. Denna dam ställde gärna upp på att köpa med sig kläder till Rosa nästa gång hon åkte på inköpsresa. Troy var nöjd när kläderna visades upp. Rosa tyckte det var lite överdrivet att lägga så mycket pengar på kläder men bara Troy var nöjd så. Sömmerskor fixade till kläderna så att de skulle passa Rosa perfekt.

Troy började också kommentera vad Rosa gjorde och sa i societets-sammanhangen. Rosa kunde bli utskälld i bilen på vägen hem om hur hon hade hållit handen då hon hade pratat med någon. Troy sa att alla runtomkring henne hade blivit oerhört förolämpade för hon hade visat att hon blev störd av dem. Eller så hade Rosa haft svårt att hitta någon att prata med för kvinnorna runt omkring henne hade inte svarat på hennes "småprat" utan var intresserade av sitt. Då hade Troy skällt ut henne för att vara så "tråkig och innesluten" eftersom hon inte hade långa konversationer med någon den kvällen. Eller så hade en hårtest ramlat ner i ansiktet och hon hade inte korrigerat den med mer hårspray – då skällde Troy och sa att hon var så ful.

Att kläder var ett viktigt ämne för Troy – om det fanns "viktigt folk" dit de skulle – upptäckte Rosa mer och mer. Detta gällde även vintertid i skidbacken! Rosa hade sett ett par underbara färgglada varma vantar i affären. Nu när de skulle åka längdskidor tillsammans med Troys arbetskollegor så tog Rosa glatt med de fina vantarna och la i bilen bland packningen. Väl framme vid backarna så tog hon på dem och började lassa ut barnens utrustning. Troy blev fullständigt galen. Han skrek att hon skulle göra bort honom för livet. Hans kollegor skulle skratta åt honom att han var snål och inte hade köpt de vantarna "man skulle ha". Rosa var nära gråten och kände sig så fel och skamsen. Timmarna de åkte skidor såg hon till att hålla sig borta från honom. Hon behövde ju vantarna och hade inga andra. Väl hemma dagen efter så gömde hon vantarna längst in i byrålådan, så Troy inte skulle se dem och börja skälla på henne igen.

Efter att Rosa, Troy och barnen hade besökt mormor och morfar i Sverige några somrar i rad så kom Troy på en idé att de skulle hyra en tvåa över sommaren ute på landet. Telefonerna hade kommit igång sen en tid tillbaka och Rosa hade ringt sina föräldrar och snabbt förklarat att de inte skulle komma den sommaren. Hon pratade bara några minuter för det var väldigt dyrt per minut att ringa till Sverige. Två veckor senare får Rosa ett meddelande att Rosas mamma kommer till henne! Jätteroligt, tyckte Rosa. Nu fick hon bara fixa in en säng till i lägenheten, men finns det hjärterum så finns det stjärterum, resonerade Rosa glatt. Troy var utomlands i tjänsten då Rosas mamma kom så Rosa åkte själv till flygplatsen för att hämta mamman. Det var en underbar känsla för Rosa när hon såg sin mamma!

När de satt vid den svalkande floden på kvällen och pratade i lugn och ro så förklarade Rosas mamma att hon hade varit orolig över vad som hade hänt som hade gjort att de inte besökte Sverige den sommaren. Rosa försäkrade för sin mamma att allt var bra och att de ville göra något annat denna sommar istället. Rosa, Rosas mamma och barnen åkte runt och hittade på kul saker hela tiden. Rosas mamma märkte dock att Rosa inte kunde kontrollera sitt humör utan var mycket irriterade på barnen under dagarna. Det gjorde henne mycket ledsen och hon pratade med Rosa om detta. Rosa hade inte ens tänkt på att hon var så otrevlig

mot barnen och bättrade sig snabbt. Tiden gick och snart åkte Rosas mamma
tillbaka. Rosa kände att det verkligen var bra att Rosas mamma hade kommit till
henne den sommaren.

Troy hade varit lite smått självupptagen mot Rosas mamma och gett henne små
pikar om saker och ting så Rosa tänkte ta upp det med Troy när de blivit ensamma
igen. Det var väldigt sent och barnen hade somnat för länge sen. De satt på
sängkanten och skulle lägga sig. Samtalet gick inte bra. Det var som om Troy inte
tog in vad hon sa. Hon pratade på och insisterande att så här hade det känts för
Rosa när han inte var respektfull mot hennes mamma. Troy började bli vansinnig
och närmade sig henne aggressivt. Rosa backade ut på golvet och fortsatte att stå
för sin åsikt. Troy tvingade ner Rosa mot det kalla och hårda klinkergolvet och
satte händerna runt Rosas hals. Rosa blev helt chockad, men hon förlorade inte
medvetandet. *Vad hade just hänt?* Hon lyckades komma ur Troys grepp och sprang
till köket. Hon hasade sig ner utmed väggen och hamnade på det kalla köksgolvet.
Hon stirrade på golvet. *Hur…? Varför…?* Troy kom inte efter henne. Efter en
halvtimma tog hon sig upp från golvet, lämnade köket och tittade in i sovrummet.
Troy sov. Rosa tog sig försiktigt under täcket och var tacksam när hon äntligen
kände att sömnen kom över henne.

Nästa dag gick Troy till jobbet som vanligt. Han pratade inte med henne. Nu
hade Rosa både hans "silent treatment" och stryptag att hantera… Hon fattade
inte hur detta hade hänt henne… Men barnen måste ju ändå väckas och köras till
kompisar de var inbjudna till. Hon hade ett paket att lämna hos en person, så det
måste skötas också. Hon tog för ovanlighetens skull inte av sig solglasögonen när
hon pratade med folk. Rosa kunde inte tänka ut någon ändring. Hon visste att
Troy var starkare än hon. Det var han som bestämde. Hon befann sig i hans
hemland. Hon hade gift sig för livet – på gott och ont. Känslan av att hon aldrig
fick lämna Troy var starkt rotad i henne. Hon hade för ett år sen fått reda på att i
hans hemland har alltid papporna ensam vårdnad om barnen mellan 7-18 år. Anna
hade precis fyllt 7 och Bror var 8… Hon kunde inte lämna landet med barnen utan
sin mans godkännande. Rosa bestämde sig för att bita ihop och bli försiktigare
med vad hon sa så detta inte hände igen. Hon skulle hålla inne sina åsikter, lägga
dem långt inne. Hon skulle göra det bästa med vad hon hade, livet fick gå vidare,
men från och med nu var hon alltid på sin vakt.

Rosa började oftare känna en sten i magen när hon visste att de skulle gå ut "bland
fint folk". Det är klart i början tryckte hon ner den klumpen så långt ner i magen så
den knappt märktes, men sen gick inte det längre. Hon förberedde sig på lidande.
Hon kollade med flera personer – och Troy – före festen så det skulle vara "rätt

kläder". Rosa försökte låta avslappnad när hon frågade Troy om klädvalet. Hon hade lärt sig att om hon inte kollade med honom så blev hans raseriutbrott för stort. Hon kände att det var förnedrande att fråga honom, men hon hade inget val. Sminkningen skulle hon låta en professionell lägga på henne – så Troy inte skulle ha något att klaga på. Det lyckades oftast, men ibland blev hon kallad fula ord på grund av sminkningen. Frisyren skulle det bli svårt med... hon visste att det säkert skulle bli skrik på grund av hennes frisyr... Hon gaskade upp sig och sa till sig själv att nu skulle hon faktiskt förbereda sig med intressanta saker hon kunde säga till de hon träffade på den fina festen – så Troy inte skulle ha något att klaga på. Hela kvällen skulle hon le, le, le tills mungiporna gick sönder. Det konstiga var att hur väl förberedd hon än var så hade hon ingen chans att kontrollera Troys humör. Före de gick hemifrån, kunde Troys ögon bli stora som klot när han såg Rosa.

"Du ser tjock som en ko ut i de byxorna!", "Du är ful som en häxa med den sminkningen!", "Du ser inte klok ut i den frisyren!" och "Hur ska jag gå ut med dig så här bland respektabelt folk!"

Rosas hjärta bankade alltid hårt och hon visste att det skulle bli värre om hon sa något.

Efter några timmar på festen där Rosa hade koncentrerat sig till fullo på att göra allt rätt skrek oftast Troy i bilen på väg hem:

"Du har skämt ut mig! Du såg osocial ut!" Eller några andra valda ord.

Rosa sa inget. Hon hoppades varje gång att det skulle gå lång tid tills de blev bjudna ut till en "finmiddag" igen. Kläderna kändes alltid som brännmärkta och Rosa kunde inte vänta tills hon kom hem och fick av sig dem och tvättat bort makeupen.

För att klara livet försökte Rosa leva igenom de svåra stunderna med Troy med att tänka på något roligt som hon skulle göra sen. Hon hoppades dock alltid att livet skulle bli lugnare med Troy. Till slut. Till slut skulle den dagen komma när hon hade hittat fram till ett klädval, för festerna, som hon kunde lita på att Troy alltid tyckte om. Det var bara en tid till som skulle vara jobbig, SEN skulle de förstå varandra. Hon bad också till Gud att hon skulle älska Troy mer, och på så sätt förstå honom mer, så de kunde leva lyckligare. Till dess fick hon drömma om en bättre dag. Hon drömde om sitt hemland, hur naturen doftade, hur fåglarna sjöng, hur det kändes att sitta på sin favoritplats i skogen och läsa. Hon drömde om ställen där hon inte hade känt rädsla och vanmakt – utan bara frid.

Åren gick och Rosa gjorde färre av saker som inspirerade henne. Troy ville hela tiden fälla kommentarer om hennes idé/aktivitet var "god nog", "respektabel nog", "värd att göra" etc. Han kunde gå in i en detaljerad analys om Rosa bara ville göra något spontant och roligt med barnen en eftermiddag. Så Rosa slutade att hitta på saker att göra. Troys tröttande analyser kunde pågå i timmar och Rosa var alldeles slut på energi. Troy förklarade att det fanns "ett bra och ett dåligt sätt att göra saker och ting". Det finns inget grått mitt emellan. Allt är svart eller vitt. Om Troy i princip tyckte om Rosas idé kunde Troy ibland "lägga till lite" och plötsligt blev det som var en enkel kul grej en eftermiddag ändrad till stor picknickmiddag med hela släkten på ett ställe där man skulle sitta stilla hela kvällen. Så Rosas idéer blev färre. Kände hon för att göra något undvek hon att säga det till Troy och hittade en kompis att ha skoj med på dagtid istället.

På sommaren ville Troy att de hyrde en liten lägenhet på landet, semesterorten där de hade varit förra gången, istället för att besöka Sverige. Denna lägenhet hade problem redan från början. Den hade mögelskador och Rosa vägrade bo där med barnen. Troy kollade om det fanns en annan lägenhet. Det fanns det. Så när Troy var på jobbet städade Rosa den nya lägenheten och flyttade alla deras saker som hon hade tagit med hemifrån från den ena lägenheten tre trappor upp där de skulle bo. All köksutrustning, kläder, skor, barnleksaker, mat, sänglinnen, handdukar, rubbet! Allt la hon på sin plats så det var omöjligt att se att de just hade flyttat in. Rosa var förbi av trötthet när hon i slutet av dagen också hade stått och lagat mat i några timmar. Troy kom hem vid 8-tiden och hon serverade honom middagen. Hon berättade vad hon hade gjort den dagen, men Troy höjde knappt på ögonbrynen. När han hade ätit klart dukade hon av, diskade, tog ett andetag och sa att hon "hoppades att han inte skulle ta illa upp, men hon måste gå och lägga sig". Troy sa tyket:

"Jaha, du ska lämna mig nu när jag just kommit hem. Tänk du på dig själv och gå och lägg dig!"

Rosa kände skulden trycka på sina axlar men hon kunde inte göra något åt det den kvällen. Kroppen sa emot.

Denna sommar vågade Rosa försöka vidga sina gränser lite. Hon hade nämligen fått några böcker av en väninna och hon längtade efter att läsa dem. Så många kvällar, när Troy ville besöka grannarna, dricka öl och prata i timmar om politik, dristade hon sig till att säga till Troy att hon hellre ville läsa lite. Troy hade nog väldigt skoj med de andra för han klagade inte mycket på att hon inte satt där med alla.

Rosa kände att hon vågade sig på att fråga om Troy skulle ha något emot om Rosa tog ett sommarvikariat sommaren därefter då de skulle besöka Sverige. Bror och Anna skulle vara helt nöjda hos mormor och morfar visste hon; det fanns massor för dem att göra. Troy hade inget emot det. Rosa pratade med sina föräldrar och de hade en bekant som i några veckor behövde en guide till ett turistmuseum. Det skulle passa Rosa perfekt.

Skolåret började åter och barnen började träffa sina bästa kompisar igen. Brors bästa kompis John frågade om Bror ville sova över hos honom mellan lördagen och söndagen. Bror berättade glatt allt för sin mamma. Rosa visste att hon måste diskutera detta med Troy. Alla saker som involverade andra familjer tog han alltid väldigt allvarligt. När Troy kom hem från jobbet och de satt i soffan frågade Rosa vad han tyckte om övernattningen. Troy sa intensivt:

"Vad tycker DU om det?!"

Rosa fick den där ilande känslan i magen igen. Hon var rädd att hon skulle ha fel svar. Tankarna rusade genom de olika svaren hon kunde ge och vilka reaktioner Troy skulle få. Hon hade själv sovit över hos sina kompisar som liten och de hos henne - och hennes mamma hade bara varit glad för Rosas skull när hon bäddade en extra säng till Rosas kompis, så hon tog mod till sig att få fram sitt svar.

"Jo Bror har ju varit kompis i flera år nu med John och jag har ofta kontakt med Johns mamma så det kunde ju vara roligt för pojkarna."

"Tror du att det är så här man uppfostrar barn?! Att visa Bror att det är ok att störa andra!"

Rosa bet sig i tungan. Hon hade valt fel svar. Det var inte vad Troy ville. Nu hade hon gjort Troy arg igen.

Troy ropade på Bror som lekte i sitt rum och han kom snabbt fram till sin pappa.

"Vi kan inte störa en annan familj med att du sover över hos dem. Förstår du, Bror?"

"Ja, pappa." Bror visste att det var pappa som bestämde i hemmet så han fogade sig direkt.

Nästa sommar i Sverige fick Rosa massor av beröm av ägaren för hur väl hon tog hand om besökarna på museet. Rosa sträckte stolt på sig och skrattade varje gång. Hon tyckte ju inte hon gjorde något speciellt. Hon var bara sig själv. Ägaren frågade om hon hade möjlighet att stanna resten av sommaren. Rosa kollade med barnen och sina föräldrar och det gick bra tyckte de, så Rosa fortsatte några veckor till. Troy kom på besök i en vecka. Nu ville inte Troy sova på tältsängen längre hos Rosas föräldrar utan gick och la sig i sängen i gästrummet – där Rosa hade sovit de andra somrarna. Så Rosa fick ta tältsängen. Rosa blev lite paff. Troy var ju ändå den som hade legat i militären, men han hade bestämt sig och så fick det bli från och med nu.

Det visade sig tydligt att det vanliga livet som barnen, Rosa och hennes föräldrar hade vant sig vid, inte passade Troy. Alla – utom Troy – ville se på sommarens fotbollsmatcher. Troy visade inte någon hänsyn när det var som mest spännande. Han satt och pratade högt i telefon så alla de andra missade vad som sades i avgörande ögonblick. Han höll också uppläxande föredrag för Rosas pappa. Rosa kom alltför väl ihåg dessa stunder då de hade bott i Sverige. När Troy och Rosa var ensamma en stund kritiserade Troy som vanligt Rosas pappa. Men eftersom Rosa var i Sverige för att Troy hade visat välvilja att betala biljetten så kände hon inte att hon kunde säga något emot Troy. Dessutom skulle Troy snart åka tillbaka, så hon ville inte förstöra stämningen.

En kväll tog Troy och Rosa tåget in till närmaste stads centrum för att gå på restaurang. Troy spenderade hela tågresan med att kritisera Rosas pappa. Efter att de hade gått av tåget fortsatte Troy när de promenerade att säga att Rosa var likadan och så skulle hon uppfostra barnen och det skulle minsann inte Troy tillåta. Rosa hade svårt att hänga med i Troys slutledningar men kände sig avslappnad nog i sin egen hemstad för att säga att hon inte höll med Troy. Då blev han vansinnig och började gå snabbare än henne. Det var tydligt att han inte ville att hon skulle hinna med. Han var ju så mycket längre än henne och hon fick småspringa för att hinna ifatt. Hon försökte få honom att svara henne men han vägrade prata. Rosa kände att det var så ovärdigt att hon skulle springa efter honom, men vad skulle hon göra, hon visste att han skulle bli på ännu värre humör om hon åkte hem igen. I två timmar halvsprang hon efter Troy. Han styrde dem till slut tillbaka till pendeltågstationen och på tåget sa Troy att det var bra att hon följde efter honom. Han sa att om hon inte hade följt efter honom "visste han inte vad han hade kunnat göra" och Rosa förstod att något hemskt hade kunnat ske. Hon kände sig både lättat att hon hade gjort "något rätt", men samtidigt sa magkänslan att något var fel. Huvudsaken var att Troy var lugn igen, sa hon till sig själv.

Tre veckor senare packade Rosa sina och barnens väskor med klumpen i halsen och paniken som hon kände valde hon att begrava.

Det första Troy sa när han såg Rosa på flygplatsen var:

"Vi får aldrig vara så länge ifrån varandra!"

"Nejdå det ska inte hända igen" sa Rosa. Hon visste ju att hennes primära uppgift var att ta hand om hennes man.

Från och med nu var de bara fyra veckor i Sverige – de somrar som de kunde besöka mormor och morfar. Så i och med att Troy besökte dem en vecka i mitten på den perioden så blev det egentligen inte så länge de var borta från varandra.

Troy återkom med jämna mellanrum till att Rosa borde skämmas att hon hade haft föräktenskapliga relationer med killar. Ofta när Troy satt och drack på kvällar eller helger så mindes han vad Rosa hade gjort som ung. Troy sa inte det till barnen, men han hotade med att "om de bara visste vad du gjorde". Varenda gång fick han henne att känna sig att hon inte hade kommit "ren" in i äktenskapet, så hon skämdes varje gång han nämnde det. Han kunde, när barnen var i samma rum, syfta till hennes "vidlyftiga" liv med att använda vissa specifika ord, med "skämtsam ton", så hon skulle veta sin plats och vara rädd att han skulle förklara vad han menade för barnen. Rosa ville ju inte uppfostra barnen till att starta med sex utanför äktenskapet, så då måste ju hon visa att hon var ett föredöme.

Rosa tröståt. Rosa bakade hemma och köpte sötsaker när hon kände sig ledsen. Hon tyckte om att baka. Det var något kreativt. Hon fick resultat. Men sen hade hon ingen kontroll på hur mycket hon åt av det. Hon bakade mycket svenska kakor och kände en viss glädje när bakverkens dofter spred sig i huset. Hennes hjärna fick vila lite och hon glömde sin känsla av maklöshet när hon åt. Det värsta med att hon tröståt var att hon gick upp i vikt. Men hon åt inte mycket framför Troy. Han var inte sen med att kommentera hennes kropp. Han gapade stort och såg chockad ut när han kommenterade Rosas rumpa som var "stor som en ko". Han skrek att Rosa hade "elefantben" och "fingrar som korvar". Rosa sa inget utan kände sig bara så äcklig. Det fanns perioder då någon bekant hade börjat hos en bantningsläkare – då hängde Rosa på där för att förlora sina extrakilon. Det blev jojo-bantande i många år. Att få berömmande ord från övriga i omgivningen, när hon hade lyckats banta ner sig, var något hon levde för. Hon hoppades ju också att Troy inte skulle kommentera hennes fula kropp om hon var smal – vilket hon också slapp i de "smala" perioderna. Inte för att han gav henne komplimanger, men hon slapp de negativa kommentarerna i alla fall.

Komplimanger gav aldrig Troy till Rosa – i något avseende – för han tyckte att sådant "extra" skulle vara att ljuga. Han sa alltid att han ville leva i sanning och ville kunna säga det som kom från hjärtat, utan restriktion.

Rosa blev mer och mer förvirrad när det gällde hur Troy egentligen tyckte att Rosa skulle se ut. All önskan om vad Rosa själv ville ha på sig hade flugit ut genom fönstret för många år sen. En kväll när de var ute kunde han säga att Rosa såg bra ut i just de kläderna. En annan utekväll några månader senare, med samma kläder, skrek han på Rosa och sa att hon såg tjock ut "som en elefant". Damen som köpte kläder till Rosa i Italien började han förbanna. Nu dög inte de kläderna heller. Han ändrade uppfattning i allt. Rosa kunde inte hänga med. Rosa hade fullt upp med att få vardagen att gå ihop efter dessa utbrott från fester. Hon hade inte en chans till eftertanke.

Rosa började rent av hata allt vad som hette "fina tillställningar"; även bröllop. Hon visste att det inte var ett alternativ att stanna hemma. Troy sa: "Vad ska alla säga om mig! De ska prata illa om mig och säga: *Vi sa att hon till slut inte skulle passa in i detta land*". Alla tillställningarna gick ju ut på att Troy skulle visa upp Rosa – och vara stolt över henne. Rosa kämpade verkligen – men misslyckades nästan alltid. Det blev oftast en katastrof. Och så fortsatte dagarna.

När Rosa hörde Troy sätta nyckeln i ytterdörren stelnade hon alltid till och hjärnans nervbanor rusade.

Finns det disk kvar i köket? Hade hon tvätt framme? Var glasborden avdammade? Låg det saker framme i finrummet? Vad gjorde barnen? Fanns det något framme som Troy inte gillade?

"Hej hur var din dag, Troy?"

"Bra."

Rosa kunde inte längre blunda för att hon kände sig innestängd, kontrollerad och rädd i sitt äktenskap med Troy. Troy skrek alldeles för mycket på henne. Hon visste inte, hur hon skulle göra honom glad; hon levde i förvirring. Huvudet snurrade varje morgon då den första tanken var att hon frågade sig: *Hur mådde Troy igår?, Vad hände på kvällen?* och *Hur kommer Troy må idag?* En kompis kände en kvinnlig psykiatriker som hade hjälpt henne i en tid av kris och Rosa bestämde sig för att träffa henne. Psykiatrikern förklarade, efter att ha lyssnat på Rosas gråt och sett när hon i en timme skakande berättade om sin situation, att Rosa befann sig i en psykos och frågade om Rosa skulle kunna ta med Troy nästa gång så de kunde prata alla tre. "Nej!", utropade Rosa, "Jag skulle aldrig våga säga till Troy att jag har besökt dig! Troy är alldeles för privat av sig med sådana här saker. Han skulle bli vansinnig om han fick reda på att jag hade berättat något om honom för någon annan!" Då sa psykiatrikern att hon kunde ge Rosa tabletter som gjorde att hon inte brydde sig så mycket om vad som hände. Rosa backade. Nej, inte tabletter. Det måste gå utan tabletter.

Rosa började förstå att Sverigebesöken var livsviktiga för att hon skulle må bra och få kraft i sitt liv. Vad det var i Sverige som fick Rosa att må så bra frågade hon sig inte, men det var ju klart att det var underbart för Rosa att träffa sina föräldrar. Rosa ville att Troy skulle betala biljetterna varje sommar så Rosa kände mer och mer att det var avgörande att inte göra honom irriterad. Sverigebesöken var så viktiga. Speciellt efter den våren då Troy blev så arg att han tog Rosas och barnens pass och gömde dem någonstans. Rosa vågade för en gång skull fråga Troy:

"Var har du lagt dem?"

"På ett ställe du inte kommer hitta dem."

Rosa började hyperventilera, såg sig om vart hon skulle gå och då hon insåg att hon inte hade någonstans att gå, ingen som skulle hjälpa henne, la hon sig ner på sängen, tog Jesus-bilden hon hade bredvid sig och tryckte den hårt mot hjärtat. Den gången kom inte Troy efter henne.

I veckor koncentrerade hon sig ännu mer än innan på att bara göra allt som Troy gillade och inte komma med några egna önskemål. Hon hade ju inga egna pengar så även om hon hade tillgång till passen så kunde hon ju inte ha åkt till Sverige i alla fall, men det kändes så symboliskt med att Troy gömde passen. Som om de var nyckeln till att öppna dörren. Efter några veckor såg hon att passen låg på sin vanliga plats i hans kontorslåda igen. Hon föll till golvet och tackade Gud. Hon ville inte fråga Troy om anledningen till att passen var tillbaka. Hon kände att han var så labil, så om hon hade sagt ett ord som han inte tyckte om, kunde passen ha försvunnit igen. Däremot berättade han att han tyckte hon hade varit så löjlig då hon hade hyperventilerat och han sa att han minsann hade berättat för sin mamma hur hon hade överdrivit.

Rosa gjorde verkligen allt för att nå fram till Troy. Hon försökte med sin mest vänligaste och hänsynsfullaste röst att be honom att bli lite mer snällare mot henne.

Ibland lyssnade han på hennes önskningar och om han var på gott humör bättrade han sig ett tag, men sen var han tillbaka till samma beteende.

Ibland drog Troy den gamla sägen om flickan som blev nekad entré till himmelen för att hon var envis. Detta var tufft att höra för Rosa. Hon var ju en kristen och ville gärna komma till himmelen. Troy hade välkomnat henne in i kyrkan. Han hade ju varit kristen ända sen födseln... Då måste han veta vad som är Gudsfruktigt. Rosa kände sig fylld av skuld när han berättade den sägen - men samtidigt fylld av förvirring. Rosa var fullt övertygad om att om hon pratade kärleksfullt nog så kunde hon få sin röst hörd hos Troy. Det hade Troy själv sagt till Rosa "om du bara uppför dig på ett ödmjukt sätt så kan du få vad du vill". Rosa fick bittert erfara gång på gång att detta inte stämde.

Ibland hade Troy motargument och kunde prata i timmar och upprepa sina argument. Det var som om han gick i en cirkel. Han kom alltid tillbaka till sina argument vad än Rosa vågade säga. Och det tog timmar och åter timmar. Rosa kände sig så trött så till slut kunde hon gå med på att göra vad han ville – bara för att hon inte längre orkade lyssna. Hon såg att han inte gav sig. På så sätt blev det en "diskussion" som Troy vann av ren utmattning från Rosas sida. Det var som om Troy aldrig blev trött på att plädera för sin sak. Hans vilja skulle igenom. Troy körde över hennes åsikter.

Ibland lyssnade han inte alls på Rosa utan vände snabbt på situationen:

"Hur KAN du tynga ner mig med problem nu, jag som har det så jobbigt just nu!"

Rosa sa inget.

Troy gick ifrån rummet när han var klar med utskällningen och höll tyst i dagar. När Rosa äntligen hade försökt att få honom på bättre humör efter några dagar så tinade han upp, men han påminde ständigt därefter Rosa hur egoistisk hon hade varit som tagit upp sådant ämne just då. Han beskrev även för Bror och Anna hur egoistisk mamma de hade som bara tänkte på sig själv. Rosas vilja kvävdes mest effektivast när han kallade henne egoist. Det var en fruktansvärd beskrivning tyckte Rosa – och hon ville inte vara självisk. Så mest kollade Rosa med Troy vad han ville göra eller tyckte om det eller det och så gjorde hon så. Troy visste ju hur han skulle påverka Rosa så det i alla fall blev som han ville till slut.

Troy hade samma uppförande mot sin familj. Han bestämde över vad de skulle göra för viktiga val i livet. Rosa och barnen kunde vara med hemma hos dem och så kunde hon höra rösterna eka genom korridoren. Hon visste att nu var han på gång att bli vansinnig på dem. Något de hade gjort fel. Hon hörde inte föräldrarnas röster höjas någon gång utan de satt tysta. Ofta, efter en stund av Troys utskällningar, kommenderade Troy Rosa och barnen: "Vi ska gå nu!" och så fick de lämna alla i pinsam tystnad för att hinna med Troy ut till bilen. Det spelade ingen roll om det var en söndagsmiddag de hade blivit inbjudna till eller någon högtid; när Troy ville därifrån var det bara att lyda. Rosa visste att hon inte kunde nå fram till Troy alls när han var så där. Så väl hemma i deras lägenhet så fick Rosa skrapa ihop matrester och laga till vad som helst så att de fick något att äta. Hon hade ju inte planerat middag för de var ju bortbjudna. Troy spenderade då resten av kvällen med att titta på teve. Det speciella med dessa kvällar var att Rosa kände sig samtidigt lugn för hon visste att just då var det inte hennes fel att Troy var arg.

Att komma på middag till Troys föräldrar och syskon gick till på samma sätt varje gång. Rosa fick hjälpa till med några småsaker som skulle fram på matsalsbordet, men inte de viktigaste rätterna. Det dukades fint i matsalen med glänsande silverbestick. Om Troy den dagen stod på god fot med sin bror så skulle Troy vara på extra gott humör, och det märktes då Troy skämtsamt gick omkring och pratade med alla. Nästan alla drack drinkar före maten så i sprithörnan stod allt framme. När all mat var på bordet satte alla sig. Nu skulle alla sitta i många timmar och prata på landets språk. Skratta och ha det trevligt. Eftersom Rosa inte förstod mycket av vad som sades blev timme ut och timme in ganska jobbiga. Hon försökte vara den som gick efter bestick och sådant som saknades. Vad som helst, bara hon hade något att göra. I Troys familjs sällskap så var Troy mindre irriterad på henne över hur hon skulle uppföra sig, så när barnen verkligen inte kunde sitta kvar framför bordet längre så kunde hon spendera tid med dem i ett annat rum. Troy brukade dricka många drinkar vid sådana middagar och ofta gick han och la sig på en soffa och sov ruset av sig. Rosa fick hjälpa till med att duka av men hon blev bortskuffad från diskbänken. De ville inte att hon skulle "väta ner sina små fina händer" sa de. Så Rosa gick till sina barn igen och lekte med dem.

Troy hade också starka åsikter om vad alla hans syskon skulle göra och hur de skulle uppföra sig. Speciellt sin lillasyster hade han psykat genom uppväxtåren. Hon berättade en gång för Rosa hur Troy under uppväxtåren skrek på henne och förlöjligade hur hon klädde sig och talade med andra. Hon hade varit en glad tjej men blev tillbakadragen och spenderade många år i sitt rum och gick inte utomhus. Hennes tro på Gud var det enda som höll henne på rätt spår. Detta imponerade mycket på Rosa. Hur Gud kunde ändra uppfattningen hon hade om sig själv. Hur Gud gav henne styrka. Troy ville också bestämma över sin yngsta bror. Trots att han var yngre än Troy var han längre än Troy. Han tyckte också om att gå till gymmet så han var mycket muskulös. De första åren Troy och Rosa bodde i hans hemland så fanns inga större problem för brodern studerade och behövde inte ta stora beslut, men när han skulle ut i arbetslivet valde han istället att starta egen firma med kanotuthyrning. Skogarna var enorma där de bodde och brodern ville jobba ensam och bo i en liten stuga vid floden. Han hade inte många kunder och inkomsten blev inte stor, men han trivdes i lugnet i skogen. Troy var karriärdriven och kunde inte acceptera hur hans bror bara kunde "sitta i skogen" som han sa. Detta blev mer och mer ett irritationsmoment för brodern som hade växt till sig och började mer och mer stå upp för sitt sätt att leva. Han sa att det var hans liv och han ville bestämma hur han skulle leva det. När Troy träffade honom en gång blev diskussionen så hetlevrad att brodern hotade med att hämta sitt jaktvapen om Troy inte höll sig ifrån honom. Troy sa något om att han minsann inte var rädd för sin bror. Rosa frös till och blev alldeles kall inom sig när hon hörde deras röster. Tacksamt nog så rusade deras föräldrar dit och fick särat på dem. Sen följde en lång period av tystnad dem emellan. Brodern ville inte ha med Troy att göra eftersom han ville bestämma över honom och Troy var vansinnig på sin bror och behövde avreagera sig så han talade nedvärderande om sin "värdelöse bror" för sin familj, släktingar och bekanta.

Det var väldigt ovanligt att Troy tog ut barnen till en lekplats eller något liknande. Det enda som hände några gånger under barnens uppväxt var att Troy föreslog att de skulle gå till stranden. Inte för att Troy lekte med dem i sanden och hoppade i vattnet med dem, men han var i alla fall i närheten när barnen lekte. Nu var Rosa inte så ung längre och överätandet hade också påverkat Rosas kropp, speciellt benen som hade en del celluliter. När Troy den här dagen såg Rosas ben i det obarmhärtiga solljuset kippade han efter luft för att skälla ut Rosa. Han tyckte att hon skulle "fixa det" för han skämdes för att gå bredvid henne. Rosas självkänsla kröp ihop till en liten boll. Hon frågade sig själv: *HUR skulle hon "fixa det"? Var det maten som gjorde att hon fick celluliter?* Hon hade ingen kontroll på den... Hon hade sett ett program på teven där en kvinna hade "satsat på sig själv" och börjat gå till gymmet flera timmar varje dag i några år och hon hade lyckats "fixa sin kropp". *Hur skulle Rosa ha den tiden över? Celluliter tillhörde väl också åldrandet?* Rosa visste att hon aldrig skulle lyckas med att visa upp ett par "fina ben" för Troy. Rosa var noga med att täcka benen nästa gång, några år senare, som Troy tog dem till stranden.

De bästa dagar var när Troy var på gott humör och då slappnade Rosa och barnen av. Hon kunde se det i barnens ansikten. Då ville han ha dem alla samlade runt omkring honom och han pratade om "gamla goda tider" han hade haft med sin familj när han var liten eller om drömmar han hade för sina barn; vad han ville att de skulle bli och åstadkomma.

En vändning på lidandet i Rosas liv var när hon började gå i kyrkan på mässan varje morgon. Hon stannade länge kvar i kyrkan efter att mässan var slut och hon kunde sitta där ensam och tala med Herren. Gud verkade säga till Rosa att han älskade henne precis som hon var! Gud tycktes vilja säga till Rosa att det var Honom som Rosa skulle lyssna till, inte till Troys elaka ord. Hon fick tag i engelska mässböcker så hon kunde förstå mässan och fann att texterna var underbara! Hon hittade bönegrupper och vänner som hon bad med. Rosa fick också en nära vän, Christine, som stöttade Rosa och hon kom ofta hem till henne. Christine var tio år äldre än Rosa, lång och bredaxlad och påminde Rosa om sin trygga farmor. Väninnan, hade inte varit så mycket troende men hennes tro på Gud ökade också vid denna tid så de fick mycket gemensamt. Christines liv var inte heller lätt så Rosa och hon delade mycket livserfarenheter.

Troys släktingar berättade för andra vad duktig Rosa var och att hon inte var "som de andra opålitliga utländska tjejerna som var gifta med landets män". Detta berättade Troys mamma stolt för Rosa och hon kände pressen att vara så duktig. Hon lärde sig språket flytande för att det var en nödvändighet för att klara av vardagen men det var också roligt att få komplimanger från alla nya bekantskaper om hur bra hon pratade. Komplimanger att hon var bra på något var jätteroligt för Rosa - i kontrast till sin man som aldrig gav komplimanger utan tvärtom gav nedvärderingar.

En kylig vinter tog Rosa några datorkurser och efteråt kollade hon med Troy om han tyckte det skulle vara bra att hon hjälpte till på kontoret i församlingskyrkan, rent ideellt, några timmar i veckan. Rosa visste att de hade startat upp kyrkliga aktiviteter för de många utländska fruar i området och de behövde någon som skötte det administrativa. Han hade inget emot det, bara som han sa: "Så länge du hinner allt du ska göra med hemmet och barnen". Rosa trivdes med att göra något nytt och det skingrade tankarna från problemen med Troy. Alla verkade glada att se henne när hon kom dit. Men man kunde ju aldrig veta, tänkte Rosa, hon var ju så van vid att Troy sa till henne att "alla bara låtsas tycka om dig" och "hon bara gav dig komplimangen för att hon ville vara artig". När kyrkans soppkök behövde hjälp 2 timmar i veckan hjälpte Rosa gärna till där, men Troy tjatade hela tiden på henne att de utnyttjade henne. Rosa kunde inte få Troy att förstå att hon kände sig behövd där och det var ett viktigt jobb. Att hjälpa Guds fattiga såg Rosa som en prioritet som alla kristna borde prioritera på något sätt.

Hon hade samtal med en präst och han var av uppfattningen att äktenskapet aldrig fick brytas. Båda parter skulle hålla fast vid äktenskapet och hjälpa varandra genom svårigheterna i livet. Hon berättade om saker som Troy gjorde. Prästens ord var klara: om hon så skulle dö i äktenskapet så fick hon inte bryta och lämna. Det lät allvarligt och som Rosa såg det så pratade ju prästen för Gud och hon ville följa Guds lag.

En dag efter ett decennium tillsammans i Troys land kände Rosa att hon måste ta tag i sin ohållbara situation med Troy. Hon hade i flera år pratat på ömsint sätt med Troy och bett honom att han skulle vara snällare mot Rosa. Hon hade förklarat hur ledsen hon blev när han kallade henne fula ord. Men han hade fortfarande samma beteende. Nu tog Rosa mod till sig och ville tydligt markera att hon tyckte att Troy skrek för mycket – att hon inte kunde fortsätta så här. Hon förklarade för Troy att bara han kommer in genom dörren så blir hon rädd. Hon sa till Troy att hon ville att de skulle gå till en familjeterapeut eller präst tillsammans för att prata om hur de hade det. Hon skakade på rösten när hon pratade. Troy lyssnade till vad hon hade att säga men sa att han inte ville träffa "någon utomstående" och prata om deras privata angelägenheter. Han kunde dock tänka sig att de skulle träffa en släkting till honom som var präst. Rosa argumenterade för att de skulle träffa någon som inte var partisk. Efter en stund började Troy hetsa upp sig och anklaga Rosa och säga: "Hur kan du ta upp detta nu när jag har en så stressig situation på jobbet!" och inget av vad Rosa kunde säga därefter gjorde att han skulle gå med på att träffa någon. Troy lämnade strax Rosa sittandes vid köksbordet och sa att han skulle åka till sina föräldrar. Rosa satt kvar och kände sig så ensam. Hon kunde föreställa sig hur han hävde ur sig allt hon hade sagt till sina föräldrar. *Vem kunde hon dag och natt åka till?* Hon hade inte sin familj där; inga släktingar. Hon hade hoppats att något bra skulle kunna hända, men det verkade som om situationen hade blivit ännu värre. Några timmar senare kom Troy och la sig och kände för att vara lite intim med Rosa. Troy verkade ha lugnat ner sig och Rosa, som var glad för det, tog emot hans invit. Hon tänkte att detta också kunde vara bra för att stärka deras relation, så Troy inte reagerade så häftigt på dagarna.

Det var bra att Rosa hade tjejgänget. Hon träffade dem så ofta hon kunde. Till dem hade hon inte berättat hur det var hemma. Hon ville inte. Hon ville känna sig så glad som dem verkade vara. Sarah berättade att hennes man hade prioriterat sin mamma en gång. Hon visade helt demonstrativt att hon inte ville vara nummer två i hans värld och efter det så respekterade han henne och prioriterade hennes åsikt före de andras i hans liv. Rosa lyssnade helt paff... Jo hon verkade prata sanning. Agnes pratade alltid väldigt varmt om sin man, hur han lekte med barnen och hur de åkte ut på kvällen bara de två, på en romantisk afton. Och Bea uttryckte sig med "vi gör" och "vi tycker" m.m. Det var som om Rosa hörde talas om en annan värld. En glädjefylld och normal värld. Hon fick energi av att träffa gänget. Det var inte bara utländska tjejer med i gruppen, även "inhemska", men de hade bott utomlands och kände sig mer hemma i denna grupp. Det kostade inte mycket att träffa tjejerna heller för de gick inte ut på restaurang. De träffades i sina vardagskläder och drack kaffe och åt en kaka. De turades om att vara värdar. Men Rosa var inte alltid med. Ibland var det för jobbigt att le. Ibland var kontrasten för stor mellan deras liv och hennes. Då stannade hon hellre hemma. Ibland var det som om hjärnan inte orkade med några intryck.

Troy hade inte många kompisar. Ibland kunde han gå ut på en öl med arbetskompisarna. Många var gifta och valde ibland inte att gå ut. Troy pratade nedlåtande om kompisarna och sa: "De låter sina fruar bestämma över dem, vilka män, ha!" eller spydigt "Bestämmer fru N nu var skåpet ska stå?!" Eftersom inte Rosa kände till vad som föregick i deras äktenskap så sa hon inget till Troy, men hon tyckte om dessa män som verkade respektera sina fruar.

Rosa passade sig mer och mer för att inte göra något som hon trodde att Troy blev arg för, men ändå kunde hon inte undvika att Troy kallade henne "dum i huvudet", "tråkig och värdelös", "idiot", "du har bara en liten hjärna" och till och med blev "att vara svensk" ett skällsord. Det skällsordet stod för att inte bry sig om sina medmänniskor. Rosa försökte intala sig själv att de sårande orden inte var sanna, men orden smög sig in i hennes inre, som ett cancervirus angriper, utan att hon märkte det.

Hon kom ihåg hur han hade reagerat i varenda situation – för att på så sätt hålla sig borta från att göra det felet. Men det var inte lätt för ibland visste hon varken ut eller in – Troy ändrade sig om saker som hade varit bra innan. Nu räknades de som dåliga – i Troys ögon. Hon ville så gärna inte bli utskälld. Hon visste hur liten hon kände sig då. Det var så pinsamt. Och rädd blev hon också. Hjärtat bankade snabbt och hon kände sig som en liten flicka. Som när en pappa skäller på sitt barn.

Troy brukade säga till Rosa att han kände Rosa bättre än hon kände sig själv och hennes dåliga sidor ville han speciellt beskriva för henne. Han sa att när han rättade till Rosa så gjorde han det för att han visste att hon behövde det just då. Om Rosa blev så ledsen av hans ord och gick in i köket för att göra något bara för att komma ifrån hans ilskna ögon lite kunde han skrika: "Gå inte ifrån mig när jag pratar med dig!" och Rosa kände hur han behandlade henne som ett barn, men vågade inte göra annat än att gå tillbaka till där han satt.

Rädslan var nu ett normalt inslag i Rosas liv. Magen var spänd hela tiden. Det hjälpte inte om Troy reste bort i affärer några dagar heller. Rosa trodde att det var för att hon inte åt tillräckligt mycket med fibrer som magen inte fungerade. Hon kunde gå flera dagar utan toalettbesök. Hon började läsa på nätet om vilka matvaror som innehöll mest fibrer så magen skulle fungera. Hon lärde sig allt i näringslära. Hon drack massor av vatten. Men ändå fick hon ta till tabletter och mediciner för att få det att fungera. Hon tänkte att det kanske hade med åldern att göra. Man får sina ålderssymptom med tiden, tänkte hon. Hon började också få en konstig kramp i magen när hon sov på högra sidan, men bara hon vände sig över på vänster sida så försvann krampen. Rosa hade så mycket annat att tänka på så eftersom krampen gick över när hon rörde på sig så tänkte hon aldrig på att söka läkare för problemet.

I Rosas sökande efter den bästa fibermaten fick hon också allmän matkunskap om vilken mat som var nyttigast, vad maten innehöll för näringsämnen och hur man bäst tillagade och bevarade näringsämnena. Hon tog tillvara all denna kunskap när hon lagade maten till Troy och barnen. Troy hade börjat få problem med hälsan så hon såg till att laga speciell mat till honom och mat till barnen som både var nyttig och god. Självklart skämde hon bort barnen ibland med att göra sådant som de tyckte var gott men inte så nyttigt. Man måste ju ha både och, tänkte Rosa. De dagarna var Troy alltid på henne. Hur mycket perfekt näringsriktig mat hon än hade lagat de andra dagarna så fick hon en utskällning då hon lagade "skitmaten", som han benämnde den. Han såg bara det negativa. Ibland tog han kastrullerna från spisen och hällde ut maten i diskhon så hon fick laga något annat.

Troy hade väldigt svårt att acceptera att Rosa skulle lägga sig för att sova eller helt enkelt visade att hon var trött – före Troy var trött och ville lägga sig. Om Rosa var sömnig och helt ofrivilligt gäspade kunde Troy säga:

"Hur kan du visa att du är trött på mig - jag som arbetar hela dagen!"

När Troy var på skojhumör, och Rosa gäspade, kunde han, när Rosa stängde ögonen under gäspen, skrämma henne med att sticka in sitt pekfinger i hennes mun. Troy tyckte det var jätteroligt.

Om Rosa gick till sängs – för att hon helt enkelt inte orkade vara vaken tills när Troy kom hem sena kvällar – hon skulle ju upp tidigare än Troy på morgonen – så blev Troy vansinnig. Lika vansinnig blev han om hon var sjuk och la sig samtidigt som barnen i hopp om att må bättre dagen efter. Hon kunde i sin feberyra väckas av att taklampan tändes och Troy kunde riva ner allt från nattduksbordet så lampa och böcker for ner med ett brak i golvet. Han skrek hemska ord. Ibland blev Rosa så rädd så hon började gråta och bad om förlåtelse, och ibland drog hon täcket över huvudet i ren skräck och låg och skakade med bankande hjärta och hoppades att han skulle lugna ner sig. Rosa tänkte mest på barnen i dessa stunder som säkert hade vaknat upp i rummet bredvid och låg där rädda. Ibland smög Rosa in till barnen när det verkade som om Troy inte skulle komma tillbaka till sovrummet, men ibland ville hon bara försvinna under täcket och inte tänka på något mer utan hoppas att hon snabbt skulle kunna somna om och försvinna från allt. Det gällde bara att överleva från dag till dag. Förhoppningsvis kom det bra dagar emellanåt.

Rosa var inte den första som Troy hindrade att sova. Han berättade då och då med stolthet att han, när han var liten, smällde i dörrarna på eftermiddagarna då hans överarbetande mamma ville vila lite. Han ville inte att någon skulle sova när han var hemma. Mamman försökte ta sig upp till stående så snart hon kunde för att hjälpa sin son med allt han behövde.

En dag berättade Troy spydigt för Bror och Anna att Sverige minsann inte hade någon kultur . Hans land hade minsann mycket viktig kultur. Rosa visste ju att han hade helt fel och argumenterade emot. Troy stod på sig och Rosa fattade inte något! Men så tänkte hon på att hon hade ju den svenska boken med alla traditioner som Sverige firar under året. Den boken hade hon tittat i då och då när hon kände sig långt ifrån sitt land och hon kunde bläddra i den och minnas och le åt minnen hon hade från sin uppväxt. Nu hämtade hon den från bokhyllan för att peka och visa vad hon menade att Sverige hade kulturtraditioner. Hon tänkte att då skulle Troy förstå vad hon hade menat med kultur. Troy drog boken ur händerna på Rosa och började vilt riva sönder flera sidor åt gången. Anna började gråta och helt desperat hänga sig på sin pappa och bönade och bad:

"Sluta snälla pappa!" Anna visste hur många gånger hennes mamma hade visat den boken för henne och hennes mamma verkade alltid så glad då.

Men Troy fortsatte att riva sönder boken tills det inte fanns något annat kvar än ett sönderrivet minne och sår i hjärtat på både Anna och Rosa. Rosa valde att slänga boken i soporna. Även om hon lyckades laga sidorna så skulle den boken från och med då bara påminna henne om hur Anna grät hejdlöst.

Troy sa aldrig förlåt för något. Han upprepade alltid – helt stolt – att det behöver man inte göra i ett äktenskap. Som det engelska ordspråket lyder: "Love means you never have to say you're sorry." Han tyckte också mindre och mindre om när Rosa sa förlåt för saker som hon hade gjort fel. Han sa: "Du gör ju ändå om dina misstag igen så det är ingen idé att du ber om förlåtelse". Men en gång sa Troy förlåt. Det var för att han hade kallat henne det fula ordet för det kvinnliga könsorganet. Han bekände för en präst att han hade kallat henne det och prästen hade tyckt att han skulle be om förlåtelse. Troy väckte Rosa mitt i natten och i mörkret i sovrummet sa han: "Förlåt". Rosa var mest oförstående för detta hade aldrig hänt. Hon undrade vad han skulle säga härnäst och varför han sa det. Men han sa inget mer utan somnade inom någon minut. Den natten snarkade Troy så mycket så Rosa var tvungen att lämna den varma sängen och flytta till teverummet med sitt täcke och sin kudde. På morgonen påpekade Troy att det "minsann inte var så roligt" för honom när hon "lämnade honom" på nätterna så han blev själv. Det började ju bli allt oftare att Troy snarkade hela natten. Rosa försökte förklara att hon behövde sömnen för att klara av dagen, men Troy hade redan slagit numret på sin telefon och utropade ett glatt hälsningsord till personen på andra änden av telefonen.

I flera år hade nu Rosa gått till kyrkan varje morgon och det började bli ett nödvändigt behov för henne. Varje morgon kom hon in i kyrkan med alla sina bekymmer snurrandes i huvudet. Prästen började med läsningarna från Bibeln och Rosa hängde med i sin bibel för hon hade kalendern med vilka läsningar från bibeln som lästes. Sen vände sig prästen mot altaret och det var dags för trosbekännelsen. Rosa bad den på svenska. När sen prästen gick fram till altaret hade Rosa glömt allt utanför kyrkan och hon var helt inne i firandet. Denna timme varje dag gav Rosa vila.

I Rosas värld fanns Troy, hennes barn och några vänner om det fanns tid över. Hon lärde sig vad som var viktigt av sin man och hans familj. Mer och mer började Rosa känna att Troy inte hade samma prioritetsordning som henne. Först verkade hans föräldrar och syskon komma, sen släktingar och bekanta, sen barnen och sist Rosa. Om vem som helst ringde Troy och behövde hjälp så släppte han allt han hade för händerna och stack iväg. Även om det var den enda tiden han hade ledigt från jobbet och hade planerat att spendera tiden med barnen och Rosa.

De fortsatte att gå på fina fester. Rosa upplevde det nu så konstgjort när de skulle dansa samma dans som de alltid dansade. Som en ritual. Inte dansa för att det var roligt, utan endast för att visa upp sig. Troy började mer och mer kritisera hur hon dansade när han inte var med. Han sa till henne att hon gjorde bort sig och att han skämdes för henne. Hon som var så noga med att följa allt som hon visste han tyckte om! Det var samma med bilkörningen. Den hade han också börjat kritisera. Hon som hade kört i mer än 20 år. Nu började han kritisera detaljer och skratta åt henne över vilka val hon gjorde. Rosas värld blev ännu mindre än vad den redan var.

Rosa kunde inte förstå varför Troy inte tog hennes önskningar på allvar. Inte ens när det gällde något så farligt som att ha vapen inomhus. Rosa hade berättat hur ovillig hon var att ha vapen i deras hem; de hade ju barn! Troy visste hur förskräckt Rosa blev när hon såg hur han kom in genom ytterdörren bärandes på vapen. Han hade ett stolt flin i ansiktet, men Rosa blev alldeles stel när hon såg dem. Troy skrattade åt Rosas oro. Sen tog han fram vapnen när gäster kom. *Hur kunde han briljera över något som gjorde Rosa orolig?* Det var sådan kontrast.

Om Rosa uttryckte sin åsikt på ett något så när bestämt sätt när barnen var med kunde Troy hånfullt säga: "Nu tror er mamma att hon kan något om...". Rosa tyckte alltid det var så konstigt med sådana kommentarer och det gjorde henne osäker. Om Rosa berättade om sina känslor för Troy betonade han att Rosa kände så för att hon hade dåligt självförtroende. Rosa förstod detta, men det gjorde inte saken bättre. Hon kände sig lika dålig i alla fall.

Rosas föräldrar hade kommit på besök flera gånger under årens lopp. Rosa började känna att det var skönt att få lite ledigt från det intensiva livet med sin man. När hon var med sina föräldrar fick hon inte höra om alla fel hon gjorde – utan tvärtom om hur duktig hon var som klarade allt främmande i detta land. Hur integrerad hon verkade och hur mycket hon hade lärt sig. Så Rosa kände hur glad hon blev av all uppmuntran. Då hennes föräldrar var där höll Rosa också många middagar för att bjuda in släktingar och bekanta. Under en middag höll Troys bror ett långt tacktal till Rosa för hennes goda mat, gästvänlighet och sa vilken fin mamma hon var. Rosa tittade hastigt på Troy när talet var slut och han var helt svart i blicken.

En lördag när skulle äta lunch ute på restaurang med Rosas och Troys föräldrar och fastrar till Troy så körde de långt söderut för att komma till restaurangen. De packade in sig i flera bilar. Rosa var också chaufför och Troy körde först i sin bil.

När de väl kom fram var alla hungriga och såg fram emot att få sitta ned till bords. När Rosa parkerade hörde hon Troys höga röst där han stod och pratade med sina föräldrar som hade kört den andra bilen. Hon såg Troy slänga sig i bilen och köra därifrån. Rosa parkerade bilen och frågade vad som stod på. Det visade sig att Troy hade blivit arg på sina föräldrar och bestämde att lunchen var inställd. Rosas föräldrar som hade sett fram emot att ha en trevlig stund med alla i släkten blev nu utan lunch. Alla körde hem igen. Rosa köpte lite frukt och bröd i en affär så de skulle klara sig tills de kom hem igen. Hon visste att Troy skulle skrika på henne om hon ensam tog ut sina föräldrar på lunch. Väl hemma så vägrade Troy prata om vad som hade hänt och de promenerade till kvarterspuben och åt middag. Rosa kunde se på sina föräldrars ansikten att de tyckte att Troys uppförande var väldigt konstigt.

En kväll bjöd släktingar till Troy ut dem fyra. Eftersom Rosas föräldrar var hos henne så kände hon sig lite modig och gjorde i ordning håret på ett nytt sätt. Hon kände sig glad och upprymd av att ha tagit ett fint beslut. Troys ögon blev stora och han andades häftigt genom näsan.

"Vi måste gå till restaurangen nu, det är försent att du ändrar frisyr, men gör aldrig håret så igen!"

Rosa teg. Hon visste att han menade allvar så hon vågade aldrig fixa håret så igen.

Det var dags för Troys näst yngsta syster att gifta sig. Troy lät sy upp nya kläder till Rosa som hon skulle ha på sig på bröllopet. Det blev många turer till skräddaren. Dressen var gjord i ett väldigt dyrt material och när Rosa såg sig själv i spegeln vid slutresultatet kände hon inte igen sig själv. Det var alldeles för påkostat, men det var vad Troys familj hade rekommenderat, så hon fick ta detta. Dagen för bröllopet fixade frisören till hennes hår så hon absolut inte kände igen sig själv – men värre var att hon var säker på att Troy skulle bli helt vansinnig när han fick se henne. Sittandes i frisörstolen föll Rosa i gråt. Hon skakade av rädsla. Hon stammade fram för Troys systrar att hon var säker på att Troy skulle skrika på henne om hon kom hem i den frisyren. Rosa visste att hon måste ha verkat heltokig som satt där och grät och hade inte kunnat säga ett ord till den förvånade frisören. Samtidigt visste hon att hon inte kunde göra något annat. Det var så här hennes liv var. Systrarna lyckades tona ner problemet så inte frisören skulle ta illa upp och så ändrade han frisyren. När Rosa väl träffade Troy kommenterade han inte alls frisyren. Rosa blev helt paff. Han hade alltid något att säga. Men det kom senare. Han kom fram till att Rosa såg ut som om hon hade elefantben i festdräkten – och sa det till henne med avsky i rösten.

När Rosa tänkte tillbaka på bröllopet och hur rädd hon hade varit i frisörstolen så insåg hon att det inte var normalt beteende, men hon kunde inte göra något åt det. Hon visste nu helt klart att han aldrig skulle vara nöjd med henne. Hon hade försökt att vara stark, men nu började hon tappa hoppet.

När barnen hade blivit tonåringar hade Troy slutat med "silent treatment" och orkade inte skrika så mycket. Han blev arg, hytte med näven och det räckte för att Rosa inte skulle säga emot utan veta att nu måste hon göra direkt som han sa. Hon skulle aldrig glömma den gången han tog stryptag på henne.

"Det är ju ingen idé att jag tillrättavisar dig, du blir ju inte bättre i alla fall. Jag bara tröttar ut mig själv med att säga något." Han skuldbelade Rosa mer. Han påminde henne alltid om vad hon hade gjort mot honom när hon ville att de skulle gå till en familjeterapeut:

"Vad egoistisk du var som skulle pressa mig så - när jag hade det så jobbigt på kontoret!"

Rosa sa inget. Hon kände sig skyldig.

Ofta kunde han några minuter efter en tillrättavisning komma fram till Rosa och se på henne med de bruna ögonen.

"Kommer barnen att lägga sig tidigt ikväll, tror du, så vi får en stund för oss själva?"

Rosa som hade fullt upp med att försöka bearbeta allt som Troy hade sagt till henne vågade inte säga något som skulle få igång honom igen. Om hon inte visade sig välvilligt inställ till en intim stund visste hon att han spydigt skulle förklara för henne hur självisk hon var som bara tänkte på sig själv – och han skulle inte lyssna på hennes åsikt – det visste hon med säkerhet. Hon tänkte att barnen också skulle få det lite lugnare om Troy var nöjd. Hon försökte le lite och ge honom en lätt kram som svar – trots att hon kände att hennes värde just hade sjunkit ner till golvet.

Om Troy varje kväll kunde få gå på fest och träffa massor av människor skulle han aldrig säga nej. Det var som om han inte kunde vara ensam. Han tyckte, och sa, alltid till Rosa att hon var osocial för att hon inte hela tiden ville träffa folk. Hon kunde spendera dagar i ensamhet, men sen gärna spendera en hel dag med sina vänner. Men det var inte att vara en social person, tyckte Troy. Nästan varje vecka beklagade sig Troy för Rosa att hon inte hade bjudit in folk så han skulle få slippa sitta ensam med henne. Han tyckte att hon heller inte hade någon ambition. Inget av vad han hade föreslagit för henne att ta sig för hade hon startat upp! Varje gång Troy sa orden osocial och ambition trycktes hon ner och fick mindre och mindre kraft och önskade bara att få gå och lägga sig.

En höstkväll bjöd Troy in några släktingar på middag och Rosa lagade mat. Som vanligt var han arg när det tog för lång tid för henne med alla förberedelser och allt hackande, tvättande, stekning, kokning och sådant som hör matlagning till – men ändå hann Rosa bli klar med allt innan gästerna kom. All planering var perfekt. Ibland gästerna denna gång fanns en person, som trots att han var en känd advokat, var motsatsen till uppblåst. Detta tyckte Rosa mycket om. Efter förrätten serverade Rosa huvudrätten och då tyckte Troy att han skulle dra ett skämt:

"Jo, jag tjänar ju in pengarna och min fru spenderar dem!"

Då blängde advokaten på Troy:

"Så vem har jobbat med maten då? Har ni beställt hem maten från catering?"

Rosa blev så glad! Hon var så tacksam att advokaten hade ställt sig på hennes sida och försvarat henne! Rosa sneglade på Troy och hon såg att han verkligen kom av sig.

Sommaren hade just börjat och de besökte en vallfärdsort sent en varm söndagskväll. Det var proppat med folk som besökte denna plats. Rosa såg fram emot att få lite ensamtid med Gud i kyrkan. Troy brukade gå för sig själv på sådana här besök. Barnen höll sig till henne och satt med henne i kyrkan. Sen gick de runt utanför kyrkan och pratade lite lätt med bekanta. Det var mycket sent när de tog sig fram till bilen och kom till slut ut på stora vägen hem. Troy ställde en fråga om hur det skulle bli för Anna nästa år i skolan och Rosa hade inte riktigt den informationen ännu. Troy blev vansinnig och skällde på Rosa ända vägen hem. Hur oansvarig hon var, etc. Väl hemma gick Rosa ut på balkongen och satte sig i mörkret. Efter några minuter kom Troy.

"Varför sitter du här?"

"Du lyssnar inte på mig."

Då blev Troy vild och började dra Rosa i håret. Rosa grät häftigt och skrek rakt ut.

"Håll tyst! Grannarna hör dig!"

Rosa slet sig lös och tog sig in i köket. Troy tog en tom 20-litersvattenbunke och slängde in i Rosas rygg. Smärtan dunkade i ryggen. Rosa tog sig tillbaka ut på balkongen igen i hopp om att Troy inte skulle göra något mer mot henne där – eftersom han var rädd att grannarna skulle få reda på något. Troy lämnade henne i chocktillstånd på balkongen där hon lutade sig mot den svalkande balkongväggen som stöd. Hjärnan funkade inte. Hon var helt tom. Hon grät inte ens. Efter en timme gick Rosa och la sig. Dagen efter sov Troy länge och när han gick upp så hittade han Rosa och barnen som åt en sen frukost i köket. När han inte fick något bemötande från Rosa tog han en vattentillbringare som stod på bordet och drämde in i armen på Rosa. Anna bad skräckslaget sin pappa att inte slå mamma mer och Bror satt alldeles stel. Troy slog inte Rosa mer men fortsatte att läxa upp henne hela dagen. Troy blev också påmind av när Rosa var så egoistisk för några år sen och ville stressa honom till att gå till en familjeterapeut så han beklagade sig igen för det. Rosa kände sig så nedtryckt att det var svårt att andas. Hon bad till Gud: *Få denna dag att ta slut. Få denna dag att ta slut. Få denna dag att ta slut....* Hon hade ingen makt alls över sin kropp. Det hade hennes man. Några dagar senare hade Rosa tid med en sömmerska för att sy in några kläder. Först när hon hade gått därifrån kom hon att tänka på att de måste hade sett blåmärkena på ryggen och armen. De hade i alla fall inte sagt något till henne.

Rosas liv bestod i att leva för sina barn – resten var bara skyldigheter. Hon var gift och för resten av livet skyldig att ta hand om Troy så gott hon kunde. Hon krävde inget för sin egen del. Troy talade ofta om äktenskapets helgelse. Om man bröt mot den helgelsen skulle man komma till helvetet när man dog. Troy hade många principer, som han skulle ha oförändrade resten av livet, och att aldrig lämna sin maka var en av dem. Rosa levde på rutiner. Hon hade lärt sig vad Troy tyckte om och försökte verkligen ge honom det. Men problemet var att det han mest tyckte om var att hon skulle visa honom kärlek. Visa honom att han var älskad. Det blev en konflikt inom henne. Hon kände sig överkörd av honom som en traktor kör över och plöjer jorden ute på fältet. Hon försökte gång på gång, år efter år förklara, väldigt mjukt, att hon kände sig så överkörd av saker han gjorde – men han verkade inte lyssna. *Hur skulle hon göra honom glad när han bara visade hur oviktig hon var?* Troy läxade ofta upp henne och sa att hon borde ge mer kärlek. Han sa att hon var "som ett kylskåp". Det räckte inte med vad hon gav honom, sa han. Så hon gjorde så gott hon kunde – bärandes på skulden att inte göra "någonting för honom", som han uttryckte det.

Rosa fick speciellt ont i magen när Troy tog fram bibeln och han ville visa henne stycken i bibeln där det stod att kvinnan skulle ta hand om mannen. För Rosa var Guds ord viktigast och när Troy visade tydligt i texten att han "hade rätt" och hon måste bli ödmjukare så fick hon så mycket skuldkänslor samtidigt som hon kände att det var något som inte stämde.

Den hösten hade Rosa slutat hjälpa till med kyrkans administration. En granne till Troy och Rosa hade hört att det engelska biskopsämbetet behövde en vikarie i några månader på administrationen. Det var inte ideellt, som när hon jobbade i församlingskyrkan, utan en betald tjänst, inte mycket men ändå. Denna gång när hon ville få Troys godkännande att söka tjänsten, som var heltid, så hade hon inte behövt oroa sig. Tvärtom tyckte han att det skulle vara väldigt prestigefullt om Rosa fick den tjänsten. Rosa hade rätt kvalifikationer och började jobba. Hon gick upp tidigt så barnen fick frukost. Nu tog barnen bussen till och från skolan, så hon behövde inte köra dem. Hon åkte och jobbade, handlade på väg hem från jobbet, lagade mat, åt med barnen när de kom från skolan, skötte hushållsgöromål. Tvätt och städning fick skötas på helgen. Efter några månader hörde hon via en kollega att biskopen hade kommenterat vilken ordning det hade blivit i arkivet sen Rosa hade börjat där. Rosa skrattade generat när hon hörde det. Men hon hade lärt sig från Troy att människor hade olika anledningar till att de sa saker. Det som biskopen sa var säkert inte så allvarligt menat, tänkte hon. I början var Troy så stolt över henne men när månaderna gick så visade han tydligt att han inte tyckte om att hon var mer tröttare nu än innan. Rosa var väl medveten om det. Före hon tog detta jobb kunde hon stanna uppe med Troy till sent vissa nätter och bara få några timmars sömn. Han sov ju flera timmar längre på morgonen än hon och barnen som hade skola. Nu kunde hon inte göra den uppoffringen längre. Hon behövde helt enkelt sömn varje natt. Vid det här laget trivdes hon som en fisk i vattnet med jobbet och fick beröm. Det gav henne väldigt mycket kraft. Hon tänkte att så länge de ville ha henne så ville hon gärna jobba. I början hade hon berättat mycket för Troy vad hennes arbete innebar och han lyssnade gärna. Efter några månader var han inte så intresserad längre. Han hade trott att detta skulle ge honom mer kontakter - ett större nätverk, men Rosa verkade inte vara intresserad av att umgås med de viktiga cheferna. Rosa kämpade på och försökte inte lyssna på Troys pikar om att hon försummade honom. Det var så underbart för henne att befinna sig bland folk som uppskattade hennes handlingar och även om hon inte trodde på komplimangerna så hörde hon i alla fall vänliga ord på dagarna.

Hon pratade med en präst i förtroende om sitt liv och han sa att han tyckte synd om henne, men kunde inte hjälpa henne.

Denna sommar när Rosa besökte sina föräldrar i Sverige med barnen så pratade hon med en kompis i Sverige om Troy. Det var skönt för henne att anförtro sig åt någon som var opartisk men ändå förstod henne. Rosa beslutade sig för att det måste bli ändring mellan henne och Troy. Det var upp till henne att visa vad som var viktigt för henne. När hon kom tillbaka till Troy skulle hon förklara för honom att hon inte godtog hans elaka uppförande. När hon kom hem och på kvällen sa det till Troy så försökte han övertyga henne i fem timmar att hon hade fel. Hans humör gick emellan aggressivt och monotont övertygande och i ett aggressivt utbrott slängde han ut Rosas pass genom fönstret.
”Passar det inte så åk själv men lämna barnen här!”

Rosa rusade ut och som tur var hittade hon passet. Hon försökte därefter ändra riktning på Troys diskussionsämne så fokus inte lades på passet, och lyckades. Passet var livsviktigt för henne! Vid tretiden på natten somnade hon av utmattning. Han skakade henne så hon vaknade igen och han höll en monolog i en timme till. Nu bytte han taktik och sa att hon skulle få bestämma allting och han ingenting. Rosa blev förvirrad men tinade upp för det verkade ju vara bättre än vad som hade varit innan… Efter två veckor blev Troy vansinnig på hur hon inte såg ut att ha kul på middagen de var på. Troy skrek att hon hade skämt ut henne.

Allt var tillbaka som vanligt...

Ju mer Troy befann sig i sitt land ju mer spelade han sin traditionella musik, sjöng med och förväntade sig att Rosa skulle dansa med och vara lika glad som han. De första åren kände hon sig stolt att hon kunde något som tillhörde hans kultur, men ju mer åren gick blev det svårare att "vara glad" till den musiken. Han satte ofta på musiken efter att han skällt på Rosa, och då kändes det som ett hugg i magen på Rosa. Han satte på SIN favoritmusik och förväntade sig att Rosa skulle komma och göra honom glad. Rosa kände bara sig förvirrad och ledsen. Ibland försökte Rosa förklara sig men som vanligt pratade Troy bara omkull henne och fick det till att hon hade gjort fel och att hon skulle vara tacksam att hon hade en så förlåtande man.

En dag när Rosa besökte Christine var Christines man där och de tog upp något som hade hänt för flera år sen på en födelsedagsfest för Anna. Kompisarnas föräldrar hade också varit där. Så även Christine och hennes man. Troy var som vanligt stirrig och orolig för att gästerna inte skulle ha fulla tallrikar med mat hela tiden. Troy "skämtade" som vanligt med att be om ursäkt för sin fru som inte var den bästa av värdinnor. Rosa log så gott hon kunde och alla försäkrade mycket starkt att Rosa verkligen var en god värdinna. Nu många år senare sa Christines man att det inte var kärleksfullt som Troy höll på och pratade om Rosa framför gästerna. Det slog Rosa att många andra också måste ha sett hur Troy behandlade Rosa.

Det fanns olika saker Troy gjorde som Rosa började få upp ögonen för. Om hon låg och sov kunde Troy tända den starka taklampan, klä av sig och slänga kläderna på sängen – på hennes ben – och gå ut ur sovrummet igen utan att släcka taklampan och lämna kläderna på hennes ben. Han behandlade henne som om hon var osynlig. *Hade han alltid varit så här?*

Troy hade ett sätt att skrika Rosas och barnens namn där han låg i sängen eller på soffan – och så skulle de komma springandes till där han var. Hon upptäckte att han inte kom till hennes och barnens nivå och började prata med dem. Trots att barnen nu var i övre tonåren. På deras villkor. Det var alltid på hans villkor. När han visste att Rosa sov kunde han även skrika hennes namn så hon vaknade och hon visste att när han var på det humöret var det bara att stiga upp och snabbt komma till honom. *Tänkte han aldrig på att han väckte barnen lika mycket när han skrek så högt? Hade han alltid varit så här?*

Troy hade under många år planerat att de skulle flytta in till stan. Nu bodde de ute på landet och i stan skulle Troy kunna ha fler mottagningar för societeten – vilket var viktigt för hans jobb. Troy hade hittat en tomt som låg nära allt han behövde. Problemet var bara att priset hade gått upp skyhögt den senaste tiden. Troy ville att Rosa skulle sälja sina obligationer som hon hade ärvt från sin mormor. Om hon sålde dem skulle Troy inte behöva sälja en av tomterna han ägde ute på landet. Troy pratade med Rosa, försökte ge henne skuldkänslor för att hon inte ville hjälpa honom med något, pratade om hennes illvilja framför barnen och pressade henne på alla sätt. Rosa kände någonstans inne i sitt inre att det inte var rätt tid att sälja obligationerna nu. Nog kunde gästerna fortsätta att komma till dem på landet. Hon såg inte riktigt nyttan med att lägga så mycket pengar på att bo någon annanstans. En kväll var Troy och Rosa på väg till en av Troys affärsmiddagar och Troy tog upp ämnet om att hon skulle sälja sina obligationer. Denna gång var Rosa speciellt trött och orkade inte svara diplomatiskt och undvikande utan hon sa rent ut att hon inte ville det. Hon väntade på att Troy skulle börja skrika, men så körde han bilen intill vägkanten och stängde av motorn. Och lämnade bilen. Han gick rakt framåt och snart var han försvunnen i mörkret utmed vägen. Längre fram låg stadens centrum. Rosa satt stum och stel kvar i bilen och visste inte hur hon skulle agera. Hela hennes kropp längtade efter att slippa Troys utskällningar så hon gick inte efter honom. Hon visste att hon tog en stor risk med att köra hem bilen och vänta på honom där, men hon orkade inte annat. Tre timmar senare satte Troy nyckeln i nyckelhålet och som vanligt kände hon knivhugget i magen, men nu var hon verkligen nervös. Hon hade gått emot Troy. *Vad skulle han göra?* Troy kallade till "familjemöte", vilket vanligen betydde att hon och barnen skulle sitta och bli utskällda och ges förmaningar i flera timmar. Denna gång var det samma sak. Samma utskällningar om hur hon inte dög. Hon var inte en bra mamma och fru. Hon var inte stödjande i Troys svåra period som han gick igenom. Bror försökte att resonera med sin pappa så han skulle lugna ner sig, men blev nedtystad. Troy blev så arg när Bror försvarade sin mamma så han tittade bredvid sig och tog pennan som låg där och drämde den i golvet så den gick söner. Rosa hade sett Troy slänga många saker ner i stengolvet, ofta tevens fjärrkontroll och den hade hon oftast lyckats laga, men glas och tallrikar som gick i tusen bitar hade hon varit tvungen att slänga. Hon kände sig alltid otroligt liten som människa och hon grät ofta häftigt när hon plockade upp smutsen/glasbitarna. Men nu hade hon dessutom sagt emot honom på ett mycket tydligt sätt. Troy berättade att han hade tagit vägen om sin mamma före han kom hem och berättat vad Rosa hade gjort. Mamma hade blivit riktigt chockad över att Rosa inte sprang efter Troy när han lämnade bilen. Denna gång valde Troy att gå att lägga sig efter han hade pratat med dem. Rosa vågade inte gå och lägga sig förrän hon hörde att han hade somnat. Efteråt slog en tanke Rosa: hans telefon låg också på bordet bredvid sin penna. *Var det så att han var medveten om vad han slängde i golvet?* Han visste att hans telefon var dyrare och den skulle bli svår att reparera. *Om Troy gjorde ett val då han valde att slänga pennan, valde inte också då Troy att kalla Rosa och barnen olika skällsord? Kunde det vara så att det inte var hennes fel att han blev så vansinnig?*

Rosas föräldrar kom återigen på besök i några veckor. Nu kunde Troy säga oförskämda saker om Rosas föräldrar - på sitt språk - så Rosa och barnen förstod! Det hände både hemma och ute på restauranger. Rosa skämdes å hans sida men han var så aggressiv så hon visste att det var en omöjlighet att säga något till honom. Hon var rädd för vad som skulle hända om hon gjorde det. *Hur kunde han helt strunta i hur förödmjukad hon kände sig?* Denna gång var Rosas föräldrars besök ett rent lidande. När Troy var med. Hon kände sådan skillnad på hur det var på dagarna när Troy var på jobbet. Då kunde hon slappna av och skratta. När Troy kom hem var hon ett nervknippe.

När föräldrarna hade åkt orkade inte Rosa mer än att vara väldigt kort i tonen mot Troy. Hon gjorde ingen speciell mat till honom, hon undvek honom när han var hemma. Hon orkade inte heller oroa sig vad han skulle göra om hon gick och la sig tidigare än honom. Troy verkade också vara trött på henne. Han höll sig också för sig själv mycket. Några veckor passerade. När Troy fysiskt började närma sig Rosa igen var hon avvisande och han tyckte inte om det. Hon tog mod till sig och försökte få honom att se sanningen i vitögat:

"Vi är för olika! Vad ska vi göra?" Rosa kände att hon inte hade mer kraft att ge honom.

Troy reagerade dock inte som hon. Han tog med sig Rosa till några exorcister som skulle driva satan ur henne. Något annat kunde han inte konkludera av hennes nya uppträdande. Så här avvisande mot honom skulle hon inte vara, tyckte han. Rosa förstod inget av vad prästerna med sina svarta kåpor sa, men hon satt skakande av rädsla på stolen när prästerna höll på och bad till Gud att det snart skulle vara över. När prästerna var klara så förklarade de att det inte fanns något ont att driva ut. Hon var inte besatt. De förklarade dock bestämt för Rosa att hon inte fick lämna sin man - för äktenskapet gäller livet ut. En präst vände sig mot Troy:

"Du måste ta bättre hand om din fru."

"Men jag vill att hon..." försökte Troy.

"Nej, hon har en vilja också."

"Men hon måste..."

"Nej hon måste inte."

Troy försökte några gånger till förklara för prästen hur han ville att Rosa skulle uppföra sig, men prästen stoppade honom varje gång.

Mötet var slut och när de gick därifrån försökte Rosa göra sig så liten som hon kände sig.

När Troy och Rosa kom hem så kallade han till familjemöte och berättade för barnen var de hade varit och att de alla skulle be för Rosa så hon blev snällare. Rosa kunde inte se barnen i ögonen. Hon skämdes och började tvivla. *Var hon inte lite egoistisk egentligen när Troy satt där och pratade så lugnt och stilla och hon var så avvisande?* Hela kvällen pratade Troy med Rosa och till slut orkade hon inte leva så avvisande. Hon tog emot Troy i sin famn och i värmen från hans armar kände hon att detta var mycket bättre än att leva så kallt som hon hade levt i flera veckor.

Rosa fick tag i en välrenommerad kvinnlig familjeterapeut som förstod sig på äktenskap där kvinnor från västerländsk kultur hade gift sig med landets män. I ett försök att Troy skulle hjälpa Rosa må bättre fick hon med honom till familjeterapeuten. Väl där så kunde Rosa gråtandes få fram många av de känslorna som hon var rädd att säga till Troy när de var ensamma. Troy blev ganska paff under samtalet. Rosa tog upp saker som Troy hade gjort med henne, och hur hon rädd hade känt sig då, men Troy kunde inte komma ihåg hälften av dessa händelser. Han sa att "om han hade gjort de sakerna så var det ju inte bra". Han tyckte nog att han hade varit väldigt tillmötesgående för han ville promenera hand i hand därifrån. Rosa tyckte att det var en bra början, men de var inte på långa vägar nära att gå därifrån som ett förälskat par. Troy hade inte promenerat med henne i handen sen de hade lämnat Sverige! Troy blev stött och han höll en monolog om hur elak hon var under hela bilturen hem. Hela kvällen delgav han barnen vad som hänt hos terapeuten och berättade för barnen hur elak deras mamma var som inte ville hålla hans hand efteråt. Dagen efter mådde Troy jättebra igen.

"Vad vill du ha från mig? Vill du ha ett förlåt? Då så: Förlåt."

Rosa borde ha blivit glad, men det var något som höll tillbaka de känslorna. Hon visste inte riktigt vad hon skulle säga för han hade ju sagt "förlåt". Troy tyckte att det inte fanns någon mening med att gå mer till terapeuten och han ville inte heller att Rosa skulle göra det. "Detta kan vi sköta själva" sa han. Detta sa han i en ton så Rosa visste att det mer var en order än en önskan från hans sida. Rosa sa till sig själv att nu hade han ju hört allt vad hon tyckte, hos terapeuten, så han skulle säkert ändra på sig från och med nu.

Livet måste gå vidare.

SLUTET

En het sommardag hade Rosa varit på posten och hämtat boken om psykisk misshandel, "But he never hit me". Hon läste delar när hon hade raster på jobbet eller när hon var ensam hemma. Det fanns uppgifter att göra i slutet på varje kapitel. Nu öppnade sig en ny värld för Rosa. En skrämmande värld. Hon hade satt handen på dörrhandtaget till en värld där hon var tvungen att se sanningen i vitögat. Uppgifterna handlade om hennes liv. Författaren tog tidigt i boken upp att KÄRLEKEN SKA SYNAS I HANDLING. "Ord om kärlek är inte värda ett skvatt om det inte syns i hans handlingar att han älskar dig", stod det i boken. Hon gjorde övningar där hon uppmanades att ringa in/benämna hur hon kände sig i sitt äktenskap, och hon skrev: *Jag har känt mig: sårad, skamsen, arg, svag, deprimerad, frustrerad, känslomässigt förlamad, ledsen, maktlös, självömkande, hjälplös, lidande, upprörd, rädd, förbittrad, att jag är ett offer...*

Rosa läste spänt vidare. Författaren nämnde 18 exempel på psykisk misshandel, varav Troy hade gjort och gjorde 17 av de handlingarna mot henne, insåg hon... Misshandel, läste Rosa, var alltså då han hotade att slänga ner henne för balkongen – trots att han inte gjorde det, när han blixtsnabbt blev vansinnig på henne, gjorde sönder hennes saker, kallade henne nedvärderande ord, skrämde henne, slängde saker på henne, osv. Han behövde inte ha sparkat henne i magen med skorna, det var illa nog det han gjorde. Rosa hade aldrig sett sig själv som en misshandlad kvinna. Hon hade försökt att blunda för det i alla år, men nu fick hon sanningen uppläst för sig. Hon orkade inte blunda längre. För mycket hade hänt. Hon hade blivit för liten som människa. Hon hade nått sin botten. Den lilla lågan att ha rätt till sitt liv brann med det lilla syret som fanns kvar. Här fanns en bok som sa att hon hade rätt till mer. Hon hade rätt till sin åsikt. I boken läste hon och förstod att Troy hade behov av att kontrollera. Rosa hade varit uppfostrad att ge mer än hon fick. Rosa var tvungen att titta på andra sanningar om sig själv också; som att hon kände att hon hade ett värde bara när hon lyckades göra Troy glad. Men detta gjorde att hon inte levde sitt liv. Hon tryckte ner sina känslor – till fördel för hans. Hon tryckte ner sina tankar – till fördel för hans. Hon skrev i sin anteckningsbok vad hon kände: *"Jag mår inte bra med honom", "Han tar inte hand om mig"* och *"Jag är emotionellt helt slut"*.

Sista delen av boken tog upp vad mannen skulle göra för att det skulle bli en ändring i relationen. Han skulle:

1. erkänna att han var 100 % ansvarig för sitt beteende. Att han tog på sig ansvaret för att ha använt medel som fruktan, plikt- och skuldkänslor för att få sin vilja fram.
2. erkänna att det fanns bättre sätt att be om det han ville ha, och att han beslutade sig för att lära sig de sätten.
3. erkänna att den taktik han hade använt hade varit kärlekslös och gjort henne illa.
4. gå med på att gå till terapeut och få hjälp med sitt beteende - dit han skulle gå regelbundet i ett år
5. vara villig att ge henne rätten att tänka, känna och uppträda annorlunda än honom och en överenskommelse om att "annorlunda" inte var detsamma som "bättre" eller "sämre".
6. ge henne ett löfte att sträva efter att sluta upp med de taktiker han använt (t ex inga fler negativa jämförelser, inga fler hot, inga fler beskyllningar och så vidare).

Rosa läste de sista raderna på rasten på jobbet. Det hade varit svårt för henne att koncentrera sig på resten av arbetsdagen. Hjärnan snurrade på högvarv. Hon hade ju försökt få honom att förstå. Hon hade ju försökt få honom till terapeut. Några konkreta ändringar hade hon inte sett – tvärtom så tryckte han nu ner henne just för att hon hade varit hos terapeuten tillsammans med honom! Hon insåg att hon var ett offer för hans kontrollbehov.

Hon körde in på parkeringen framför deras hem. Hon hade bara en timme innan barnen kom hem så hon rusade med att starta middagen med en gång. Tankarna rusade dock i huvudet.

Vad skulle hon göra? Det fanns ingen som kunde hjälpa henne...
Livet måste gå vidare.

I slutet på den sommaren sa Rosa till sig själv att Troy hade förstått vad han hade gjort mot henne och att han skulle respektera hennes åsikter. Det tog några månader av något så när lugn och ro i huset. Sen började Troy vara som innan. Blev vansinnig på småsaker. Men många gånger kunde han nu bara se arg ut och han gnisslade med tänderna, men han sa inga ord. Han kommenterade det ofta och sa väldigt stolt:

"Du ska veta att jag numera väldigt sällan kommenterar dina fel!" och "Ser du, nu säger jag inget om dina dumheter!"

Rosa tittade ner i golvet och sa inget. Hon vågade inget annat. Hon hade lärt sig vad Troy skulle göra om hon uttryckte en annan åsikt än hans.

Han kunde säga att Rosas föräldrar hade sagt det och det till honom när de inte alls hade sagt det. Han sa att det inte var Guds mening att en fru ska behandla en man "så här egoistiskt". Han svängde som vanligt fram och tillbaka mellan humören. Ibland berättade han om forna dagar då de hade träffats och hur mycket Rosa hade älskat Troy och ibland var han som ett åskmoln. Rosa var trött på kvällarna och orkade inte säga något. Hon putte känslorna under mattan.

På hösten gick Rosa omkring på äggskal igen. Troy dundrade:
"Jag ska aldrig förlåta dig för att du framför terapeuten anklagade mig för elakheter. JAG blir trampad på när du anklagar mig för saker som jag inte ens kommer ihåg."
Rosas huvud snurrade.
Det här med pengarna. Rosa hade förklarat att hon kände sig som ett barn som frågade sin pappa om pengar, men vad hon än sa så var det enda Troy hörde att han var snål. Troy ville inte lyssna på hennes förklaring. Han ville inte lyssna på henne.
Dagarna försvann i rutinerna som Rosa hade i sitt dagliga liv. Hon hoppades varje kväll när Troy kom hem att det inte skulle bli så fruktansvärt just den kvällen. Hon tog fram mat till honom på kvällen och satt med honom när han åt – om hon kände att hon orkade lyssna på hans känslor om hur sårad och besviken han var. Hon hade lärt sig att det var bäst att "sitta igenom pratet" så han fick ur sig vad han ville säga. Om hon försökte förklara sin synpunkt så blev han bara ännu värre och ilsken och det tog tre timmar tills hon fick lov att lägga sig. Ibland tog hon till någon vitlögn och hoppades att han skulle ha annat i tankarna så han inte blev ursinnig att hon inte stannade uppe med honom. Han kom ibland inte hem utan gick till sin familj och fick kvällsmat där istället. Ofta ringde hon på kvällen när han inte hade kommit hem och fick då höra hans ganska lugna röst då han sa att hon kunde gå och lägga sig för han hade satt sig för att äta kvällsmat. Rosa hade klarat ännu en kväll. Hon kunde ta ett djupt andetag den kvällen. Hon gick in i barnens rum och kände att de sov fridfullt. Hon bad sina godnattböner och somnade. När Troy kom hem vid ettiden kunde han tända den starka taklampan och sätta sig vid Rosa på sängkanten och började berätta vad han tyckte om Rosa.
"Jag skulle ha vetat att en tjej som hade haft relationer före äktenskapet inte skulle duga något till", "Hur kan du inte ta hand om mig, din man, utan vara så egoistisk" och "Du är envis som aldrig ändrar dig".
Rosas hjärta slog alltid snabba slag när han väckte henne på det sättet och hon låg där rädd och undrade när hans monologer skulle ta slut. Ofta slutade hans monologer med ett spydigt "Ja, ligg du där, sov du och bry dig inte om mig!"

Troy höll INGA löften och eftersom Rosa enligt lagen och i och med hans kontrollerande ställning var helt beroende av honom så var det så uttröttande att han lovade och sen av någon anledning ändrade sig, bara så där. Det kunde röra sig om vad som helst; att han hade lovat att ta ut dem någonstans, att barnen skulle få träffa sina kompisar och göra något speciellt med dem, etc. Sen kunde han få en idé i huvudet och tycka att han skulle vara generös i alla fall och tillåta det han hade lovat från början - för att sen, om någon av Rosa eller barnen sa något opassande - ta ifrån dem det han hade lovat o.s.v. o.s.v. Det var som om han lekte med dem som marionetter.

På vintern gick Troy tillbaka till sitt påstående att Rosa hade förstört hans liv. Han anklagade henne: "Ingen vill komma hem till oss för att du får dem att känna sig obekväma" och "När vi besöker folk så kan jag inte slappna av och ha skoj för du låter mig inte vara fri". Denna kommentar kom efter att Rosa hade vädjat honom att inte skratta åt henne när de var hemma hos folk. Han brukade ju "skoja" om att hon slarvade bort hans pengar och att hon var tjock. Kommentarer som sårade Rosa djupt.

Rosa började söka på webben efter information om psykisk misshandel. Hon läste att det inte bara fanns fysisk och psykisk misshandel, utan det fanns definitioner som ekonomisk, själslig och sexuell misshandel också. Rosa hade accepterat och accepterat Troys uppförande så länge – de hade ju barn och Troy var ju hennes man – så hon började se att hans elaka uppförande hade spridit sig även till dem andra områdena också. Hon var som en flicka som blev bannad av sin pappa när för mycket pengar hade gått åt. Troy berättade för henne vad Gud tyckte om henne. När det gällde det sexuella: ett nej ska accepteras direkt som ett nej…

Rosa läste även att Förenta Nationerna beskrev Våld mot kvinnor i äktenskapet. Troy utövade våld mot Rosa, i alla kategorier.

Samtidigt som Rosa fick all denna kunskap om misshandel – och hon hade förstått att Troy utsatte henne för detta – så hade hon ändå vardagen att klara av. Det var Troy som försåg Rosa och barnen med pengar till hus, mat, skolavgifter och allt. Om hon inte höll Troy lugn – med alla medel hon hade – så skulle hon bli besviken på sig själv att hon inte hade gjort allt hon kunde för att ge barnen en något lugnare uppväxt. Så samtidigt som en del av hjärnan fick mer och mer kunskap om vad som försiggick i hennes äktenskap så var hon tvungen att pressa sig själv att göra saker trots att hela hennes kropp och sinne bara skrek "SLUTA!" till henne.

Hon gav allt hon kunde. Troy tog allt han kunde. Och sen straffade han henne för resten.

Troy fortsatte att säga till Rosa att hon skulle tycka synd om honom för att hon året innan drog iväg honom till terapeuten. Rosa förstod att det säkert hade varit svårt för honom, men att hålla på i flera månader, ja mer än ett halvår egentligen, med att beklaga sig, det tyckte Rosa var konstigt och rent av skrämmande.

Sanningen hade trängt på så länge inom henne och hon hade stått och hållit emot med hela sin tyngd, för att barnen skulle få så lugn uppväxt som möjligt, för att hon inte skulle bli dömd av samhället de levde i, för att Gud inte skulle döma henne (Troy hade ju hela tiden förmedlat vad Gud tyckte), för att hon skulle slippa ett okänt liv i ensamhet. Men en dag sa det STOPP. Hon hade blivit tillräckligt dränerad över orättvisan och Troy hade i sina monologer fällt kommentarer om att de borde skilja sig. Hon måste ha något annat. Vad som helst, men något annat. Allt måste vara bättre än hur hon levde. Rosa kunde inte stoppa den råa och kalla sanningen längre. Hon kunde inte leva i rädsla längre. Det var det som Troy erbjöd. Han erbjöd rädsla, förvirring och skam. Det kändes som om Rosa bara var där för att höja hans ego och utföra vad HAN ville ha gjort; som om Rosa var hans förlängda arm. Han hade ingen förmåga till empati. Rosa kände att hon var hans redskap. Ett redskap som Troy ägde och som han inte behövde lyssna på.

Rosa orkade inte längre fortsätta vara Troys fru. Hon var ingenting för Troy. Bara någon som skulle omformas. När Rosa var sig själv så avskydde han henne. När Rosa tittade på vad hon ville på tv hade Troy ingen respekt för vad hon tyckte om. "Vad är det här för skit du tittar på!" skrek han. Han var en vulkan som försökte hålla inne sin brännande aska. Troy yttrade kommentarer som: "Så som du klär dig" och "Jag blev så arg häromdagen för jag såg smuts i hemmet, men jag ska inte säga något!" Det var som om han berömde sig för hur bra han var.

- Han sa: Om jag ser "skit så vill jag inte ha skit". När Rosa i ett modigt försök sa rent ut att det gjorde väl inget att hon fungerade på ett annat sätt än honom så sa Troy, när saliven stänkte ur munnen på honom, att han inte ville ha skit. Det var Rosa han menade.

- Han var överväldigande manipulativ och han gav Rosa dåligt samvete. "Du har djävulen i dig. Gud vill inte det här!"

- Han hotade. Det var ett tag sen han sa att han skulle kasta Rosa nedför balkongen, men den känslan av hur hon alla gånger frös till is glömde aldrig Rosa.

- Han ljög om vad Rosas pappa skrev i en e-post, för att hon skulle bli arg på sina föräldrar och hävda att de skapade problem i äktenskapet. Rosa förstod att han ville att Rosa skulle känna att hennes föräldrar inte stödde henne utan honom. På så sätt skulle hon inte ha deras stöd utan vara tvungen att hålla sig "snäll" bredvid Troy.
- Han hade inte förnedrat henne med kommentarer ute hos folk på några månader, men sa till Rosa att det inte var någon idé att gå någonstans med henne, för han hade inte roligt med Rosa bredvid honom. "Du stör mig" sa han.
- Hon var alltid den som skulle ge första kärleksbeviset, efter ett bråk. Om inte Rosa kom fram och kramade honom blev han arg, antingen visade han det, eller så höll han inne det och skrek på henne senare om något annat istället, så Rosa fick gå på tårna runt honom för att gissa vad som var fel. Vid alla bråk måste Rosa ta första steget. Han sa: "Jag är sån. Jag kan inte ta första steget."
- Troy hjälpte väldigt sällan till i hushållsarbetet. Han gick aldrig någonsin upp med barnen på natten eller tidigt på morgonen. Men Rosa måste vara uppe tills han gick och la sig annars sa han att Rosa inte "gjorde någonting för honom". Varannan kväll räckte inte. Det var en katastrof, tyckte Troy, att Rosa de senaste två åren inte alls orkade stanna uppe in på småtimmarna för att hon förvärvsarbetade. Hon undrade varför inte Troy kunde stödja henne dessa två åren, när hon hade stött honom i alla år, och när hon tog mod till sig och sa det till honom sa han irriterat tillbaka: "Det går inte att jämföra!" HON ORKADE INTE GE OCH GE OCH INTE FÅ NÅGONTING TILLBAKA. Offrade gjorde han också, likväl som Rosa, men han gav ingenting. Att han förvärvsarbetade och Rosa tog hand om hemmet och barnen var lika hårt jobb, tyckte Rosa.
- Han tyckte synd om sig själv ända sedan Rosa berättade för familjeterapeuten hur det hade sårat henne med all fysisk och psykisk misshandel. Troy var självupptagen. Rosa som trodde att han skulle få inblick i hur det kändes för henne när han inte respekterade den hon verkligen var... Han hade GLÖMT det han hade gjort mot henne...
- Han sa: "Du har förstört mitt liv för jag är alltid ensam numera. Du har skrämt iväg alla vänner. Ingen vill komma hem till mig längre!" Felet var Rosas, tyckte han. "De vet att du vill sova istället för att träffa dem" sa han. Det var hemskt generande när han hade börjat säga det till gästerna, tyckte Rosa. Men en del fester hade de fortfarande i alla fall. Rosa visste aldrig vad som skulle hända när gästerna hade gått.

- Hon kunde inte lita på honom ens en minut. Troy sa att han älskade henne ena stunden och den andre så skrämde han henne.
- Hon fruktade för att få influensa eller feber för hon visste aldrig vad som kunde hända då. Det var ett tag sen han rev ner grejer från Rosas nattduksbord för att hon inte var vaken för att vänta på honom, men han höll ilskan inne i sig, och tyckte han var "duktig" som gjorde det. Hans beteende var långt ifrån normalt, kände Rosa.

Hon orkade inte leva mer i oro hela dagen. *Skulle Troy komma hem tidigt ikväll?" Puh, nej han kom inte hem...* Då kunde Rosa slappna av den kvällen i alla fall. Fick hon reda på att Troy skulle komma hem tidigt knöt sig magen och huvudet snurrade av tankar.

En lördagsmorgon på våren sa Troy åter att han ville att de skulle skilja sig. Rosa hade svårt att tänka på något annat den dagen. Troy verkade inte vilja prata mer. Sen på kvällen sa han att han inte ville skilja sig men att han avskydde den som Rosa var, när hon var sig själv.

Nästa morgon sa Rosa till Troy att hon tyckte att de kunde leva separerade, men i samma hus. Rosa ville inte ta barnen ifrån honom, och hon ville fortsätta leva med sina barn. Troy blev chockad. Annat var ju inte att vänta. Och Rosa hade förberett sig på mycket men än en gång förvirrade Troy Rosa. Troy började säga romantiska ord till Rosa och bekräftade hur mycket han älskade henne, och bara de bad till Gud så skulle allt ordna sig igen. Men Rosa såg nu allt med andra ögon. Troy sa: "Om du bara slutade att prata om separation och blev snäll igen så skulle allt ordna sig". Troy lekte fram och tillbaka med Rosas känslor. Hon blev ett nervvrak. Hon blev ännu skakigare än hon hade varit förut. Det var svårt för henne att planera vardagen. Om hon förut hade varit rädd varje kväll när Troy skulle komma hem så var hon nu rädd varje timme för när som helst kunde Troy ringa henne. Antingen sa han med honungsröst hur mycket han älskade henne eller så var han spydig och sa nedlåtande att hon inte skulle klara sig utan honom. Och han ringde ofta under dagarna för att kolla var hon var.

Troys familj hade förstås fått reda på vad Rosa hade sagt till Troy. De kom rusande en kväll och skällde på en redan gråtande Rosa att hon skulle ta sig samman och förlåta sin man och gå vidare. Detta var nästan värre än när Troy skällde på henne. Hans familj som aldrig hade hjälpt henne med Troy kom nu in i hennes hem och förnedrade henne. Rosa kände sig fullständigt naken. Troy stod och såg på hur de skrek på henne. När de hade lämnat henne hörde hon efter en stund röster från andra ändan på huset. Hon gick dit och såg Troy ligga ner med blodtrycksmätare bredvid sig. Hans familj satt omkring honom och tog hand om honom. Hon förstod att Troys blodtryck hade stigit igen. Troy låg med handen på sin panna. Trots det höga blodtrycket hade Troy tillräckligt med styrka och berättade hur egoistisk han tyckte att Rosa var. Troys familj bara stirrade på Rosa.

I alla år hade Rosa hållit för sig själv hur Troy var – framför sina föräldrar och sin syster Hanna. Eftersom de bodde så långt borta från varandra ville hon aldrig oroa dem. Men nu mailade hon sina föräldrar och berättade äntligen hur hon egentligen levde. Rosas föräldrar ringde henne när de visste att hon skulle vara ensam och de pratade i timmar. Snart ringde också Hanna. Rosa berättade att hon hade fått nog. Hon grät och var så tacksam att hon hade så stödjande familj. De sa att de hade märkt att han ibland uppförde sig chockerande. Hon berättade om allt hon hade lärt sig på nätet om olika typer av personlighetsstörningar, som liknade Troys uppförande, så de också kunde bli insatta. Hon sa till dem att Troy inte blev glad när hon sa till honom att hon skulle berätta för dem och att de säkert kunde förvänta sig e-post från honom. Hon sa till sina föräldrar och Hanna att hon nog inte behövde ta till skilsmässa. Kanske han vaknade till nu och ändrade sig. Rosa var medveten om att vissa i hennes omgivning skulle döma henne direkt men hon var så glad och tacksam att hennes föräldrar och syster helt stod på hennes sida. Rosa sa till dem att hon kände det som ett tungt ok hade lättats lite från hennes axlar och denna gång tänkte Rosa säga NEJ till att "leva som vanligt" med honom. Hon ville inte längre leva i manipulation, hot och förnedring. Rosas föräldrar kände sig så hjälplösa när de inte kunde göra mer än att lyssna men Rosa sa att hon var oändligt tacksam för allt. Hanna blev chockad och arg när hon hörde allt som Rosa berättade för henne och lovade att fr.o.m. nu skulle de ha tät kontakt.

Det var faktiskt tack vare att Troy hade börjat prata om skilsmässa som hon hade vågat ta steget. Rosa visste att hon aldrig kunde lita på Troy igen. Ena dagen manipulerade och hotade han henne – den andra sa han att han älskade henne och ville komma henne nära. Rosa hade ingen styrka att ta honom tillbaka. Hon kände att han bara skulle bli "bra" ett tag och sen skulle han gå tillbaka till att göra sönder henne. Som om han körde över henne med en traktor. Hon kunde bara se lidande med Troy. Rosas åsikt räknades inte. Det var som om hon pratade med en vägg.

Troy kunde prata i timmar om hur bra han var. Rosa kunde inte fatta annat än att det var ett sjukt beteende. Han hade bara ett mål när han pratade; det var att han skulle övertyga Rosa om att hon skulle leva på hans sätt. Hans strategi var att ha bra manipulationsord så Rosa trodde att hon var dum eller genom att Rosa blev så trött, i både hjärnan och själen, av hans timslånga monologer så hon gav upp och sa att han hade rätt.

Troy berättade för Rosa att hans familj stöttade honom. De sa till honom att Rosa bara gick igenom medelålderskrisen och om bara Troy försökte lugna ner henne så skulle hon säkert inse vad hon höll på med och bli som vanligt igen. Sanningen var att hon hade inget mer att ge av henne själv. Hon hade gett allt hon hade till Troy. Sin ungdom. Sin kärlek. Sin vilja. Hon var dödstrött.

Men Troy hade mer att ge - av manipulationer. Han var arrogant och nedlåtande. Eller så ville han verka stöttande och sa: "Vi ska överleva detta". Rosa kände sig illamående av hans ord. Hon visste att orden inte hade något värde överhuvudtaget. Hon visste att de bara var bokstäver sammansatta i en viss ordning.

Rosa skrev många e-postbrev till sina vänner och syster i Sverige. Utan dem skulle hon ha blivit tokig. En försommardag skrev Rosa till sin syster Hanna:

Hej fina du!

Igår kväll upprepade jag till Troy att jag behövde en separation, på hur lång tid visste jag inte sa jag, och jag sa också att jag tar på mig ansvaret att det var jag som ville detta. Jag sa att jag inte orkade längre men att han tydligen orkade fortsätta. Han sa att han skulle fortsätta att stödja mig i vad jag ville.

Hoppas för barnens skull att det fortsätter på ett lugnt sätt, utan hans hysteri och hårda ord. Barnen är värda två bra föräldrar. Jag tänker att om Troy gör saker ensamma med barnen kanske han kan sluta baktala mig och få en "egen relation som bygger på respekt". Kanske när han måste offra saker för mig så visas bara hans värsta sida. Jag vet att han inte tycker om den jag är, så det kanske finns någon ånger inom honom att han någonsin fäste sig vid mig av någon anledning. Bara tankar.

Din syster

Rosa levde i den förvissningen i några veckor, sen började Troys hot om att Rosa skulle bli utslängd på gatan och hans skuldbeläggningar var fruktansvärda. Han pratade och psykade Rosa i timmar och upprepade samma saker med intensiv svart blick. Han "skulle få tillbaka" Rosa som sin fru, vilket han uttryckte på varierande sätt.

Rosa kunde inte göra mer än att försöka hålla sig så lugn som möjligt, tänka på roliga saker, ja helt enkelt fly verkligheten. Hon fick medicin av den kvinnliga terapeuten så hon skulle bli lite avtrubbad från verkligen och inte känna av hans hårda ord så mycket. Rosa var mycket tveksam till sådana tabletter. Att inte ha full kontroll på sina tankar…, men hon hade inget val. Hon ville inte leva utan sina barn och Troy med sitt kontrollbehov över dem… Och de hade bara ett hem. Hon måste stanna hos honom.

På grund av en operation som Rosas pappa måste gå igenom på sommaren lät Troy henne och barnen åka till Sverige i några veckor. På all ledig tid hon hade om dagarna läste Rosa om narcissism, energitagare, känslomässig utpressning och förstod att det var detta hon blivit utsatt för i alla år. Hon lärde sig om en narcissisms monologer; som upprepar hur dålig man är så man bryts ner, nästan oavsett vad man har bestämt sig för! Hon förstod att hon måste vara klok och stark, för sina barns skull.

På kvinnocentret träffade hon människor som hade erfarenhet av sådana män och hon fick hjälp med hur hon skulle uppföra sig, och det var underbart att det fanns folk som lyssnade. Hon växte. Hon var inte psykiskt sjuk som Troy sa. Hon var offer för misshandel.

När Rosa och barnen skulle landa på flygplatsen väl hemma i Troys land började Rosa skaka och gråta av rädsla. Hon visste inte om Troy skulle vara där och hur han skulle uppföra sig. Barnen började peppa sin mamma med att hon minsann var "lika stark som honom och hade lika rätt till att bli vänligt bemött". När de kom av visade det sig att Troy hade jobb på kontoret och en av Brors kompisar hade kommit för att hämta dem. Två av Annas bästa kompisar överraskade också dem med att vara där för att välkomna Anna hem. Rosa slappnade av.

På kvällen träffade de Troy hemma och barnen hade kompisar som skulle sova över så det var underbart för dem – och Rosa, för det betydde att det kanske inte skulle behöva hållas ett "familjemöte" den kvällen. "Familjemöte" betydde ju att Troy skulle hålla monolog i timmar tills han hade sagt sitt. Om Rosa eller barnen ville invända mot något tog "mötet" bara längre tid för då skulle Troy ta tid till att "motargumentera" vad de hade sagt tills han hade "övertygat" Rosa och barnen om att han hade rätt.

Rosas försökte jämföra vad hon hade läst i böckerna i Sverige med det sättet som Troy pratade. Nu när Rosa visste hur han "sög ut energin på henne" var det lättare att ibland stoppa projektionen och skicka tillbaka den med: "Ja, det är din åsikt, men det tycker inte jag." Då kändes det lite lite lättare för Rosa. Hon hade fått lite verktyg att jobba med. Att inte behöva "ta hand om skulden". Före denna sommar trodde Rosa att hennes huvuduppgift var att tillmötesgå Troy så mycket som möjligt och det var Rosas ansvar att hålla honom glad. Det slutade med att Troy tog all Rosas energi och hon blev helt slut. INGEN är ANSVARIG för någon annans lycka hade hon lärt sig nu. Äkta makar vill gärna göra varandra glada, men det gagnar ingen om den ene blir en dörrmatta.

Den första veckan höll han Rosa vaken med sina monologer under två timmar varje kväll. På morgonen väckte han Rosa när han skulle gå till jobbet och höll en monolog i drygt en timme. Rosa höll sig mycket tyst, men sa att hon hade svårt att lita på Troy. Troy ville gärna att Rosa "pratade mer med honom" och Rosa sa att hon skulle öppna sig mer. Efter att ha levt med honom i alla år visste Rosa att det inte var av vänlighet som han vill höra hennes åsikter, för att göra henne glad. Han ville höra vad hon tyckte för att få känna sig säker att Rosa skulle ta hand om honom hela livet. Hon hade lärt sig att han behövde henne för att lägga över sina jobbiga känslor på henne så att han kunde må bättre. Han behövde få höra vad Rosa kunde ge honom. Hon kämpade desperat med att hålla sig stark och tänka på vilka val hon skulle ta för att hålla sig flytande. Hon måste hålla känslorna utanför. Hon måste.

Hon förstod från böckerna att en människa som har använt dessa metoder i hela sitt liv för att kontrollera sina närmaste ändrade mycket sällan på sig, så nu fick hon göra det som var bäst för att behålla husfriden. Rosa gick t.o.m. så långt att hon bad om förlåtelse för att hon hade sagt att hon ville leva separerat. Hon orkade inte leva med honom så aggressiv. Hon måste få honom lite mjukare och hoppades att han skulle bli lite snällare mot henne. Hon sa till honom att hon behövde hans hjälp för att må bättre.

Sommaren var över och skolorna hade börjat igen. Rosa fick mycket hjälp av terapeuten - som hon kunde ringa till när hon behövde prata. Hon beskrev Troy som bipolär med narcissistisk läggning. Det var så skönt att få en beskrivning på Troy. Att slippa vara så förvirrad över vad som pågick. Detta förklarade ju hur hans humör hade gått upp och ner ända sen de hade träffats i Sverige. Hans kvällar då han bara hade legat på sängen och velat bli tröstad av Rosa. Dagen efter då han hade stora planer för framtiden och sjöng och dansade. Det var alltid väldigt uppåt eller väldigt neråt med Troy. Narcissism betydde att han såg världen utifrån vad HAN ville ha. Åh! Det stämde ju så bra. Det var därför han inte lyssnade på hennes åsikter. Han kunde inte se någon annans uppfattning än sin egen. Det kändes i alla fall bra att förstå VARFÖR han gjorde som han gjorde. Troy träffade terapeuten tre gånger, men Troy nämnde aldrig för Rosa vad terapeuten hade sagt till honom.

Troy sa ofta: "Du måste säga så eller så till terapeuten". Troy använde ofta orden "du måste". De första gångerna kommenterade Rosa och sa: "Nej, säg hellre *det är bättre att du…*", men han ville inte ändra på det sättet han pratade, sa han. Så Rosa visade i alla fall för sig själv att han försökte tvinga henne till saker och det var bra att hon hörde sin egen röst protestera. För Rosa var det huvudsaken att han inte gjorde henne svag och nedbruten utan att hon fortsatte att tro på att hennes åsikt var värd lika mycket som hans.

Troy försökte med vrede påverka Rosa när han böjde sig fram över henne.

"Var inte så egoistisk, kom ut ur dig själv så blir allt bra emellan oss."

Rosa teg. Hon var tvungen att spara på krafterna. Hon visste att han inte skulle höra henne i alla fall.

Han ville göra Rosa skuldtyngd när han berättade för henne vad den och den personen hade sagt om henne.

Troy sa att han kände sig så osäker på hur han skulle uppföra sig med Rosa: "Jag är rädd att jag ska göra något fel."

"Ingen fara. Det är lätt löst. Bara fråga mig, när du vill göra något, om vad jag tycker om det så lär du dig gång på gång vad jag tycker om."

"Det kan jag inte göra för jag kan bara göra sådant som jag är övertygad om!"

Så Troy var inte beredd på att lyssna på Rosa eller kompromissa med henne. Han brydde sig bara om vad han själv ville göra.

På en middag med Troys familj kände sig Troy tvungen att kommentera Rosas föräldrar. Han sa dramatiskt att: "De tycker inte om mig utan väntar bara på att Rosa ska lämna mig för svensk man, och slog sig för bröstet och sa "stackars mig". Troy väntade på att Rosa och barnen skulle bedyra honom sin kärlek med att säga: "Nej så är det inte alls, alla älskar dig." När Rosa och Troy hade bott i Sverige hade hon bedyrat sin kärlek till Troy, men efter alla dessa år med Troy kunde hon bara se vilken störd personlighet han hade. Hon kunde inte säga något.

En kväll hade Troy kallat in till "familjemöte" igen.

"Du kan inte använda pengarna du får från ditt jobb för du bestämmer inte över ditt liv, det gör jag! Du utnyttjar mig, lever på mina pengar och gör ingenting! Vid min begravning så rekommenderar jag att du inte kommer för alla kommer att säga att du dödade mig. Om du flyttar till Sverige, kommer dina föräldrar efter ett tag att kasta ut dig. Ingen kommer att vilja anställa dig."

De verbala slagen kom snabbt som en hästpiska och Rosa blev definitivt mållös. Hon hade svårt att komma ihåg vad som pågick i dessa stunder. *Vad hände egentligen?* Troy drack för att han tyckte synd om sig själv, och Rosa tröstat på grund av hur han behandlade henne...

Rosa hade ingen möjlighet att värja sig för skulden. Den var det värsta. Hon kunde se när han pratade om sig själv att det var fruktansvärt fel, men han bevisade så tydligt att det var hon som hade startat problemet; att det var hon som fick dem att må så dåligt. Hon gick ständigt omkring med den skulden.

Denna höst hade Rosa hittat en websida som gav henne mycket information om psykisk misshandel. Hon sökte även tillgång till den stängda forumsidan och skrev två sidor om hur hon levde med sin man. Rosa välkomnades direkt av ägaren till sidan och hon började delta i konversationerna. Hon såg att det var många som levde som hon. Hon kände direkt igen det som de andra kvinnorna försökte förklara. I och med att hon hade läst en del böcker i ämnet så kunde hon rekommendera böcker till de andra. Dessa kvinnor hade också i alla år utgått från att om man ger och är god mot den andre så kommer också den andre att ge och vara god. Dessa kvinnor hade också haft tålamod, massor med tålamod, att männen skulle ändra sig. De hade också hållit fast i hoppet att männen en dag skulle ändra sig och respektera dem. Eftersom hon hade läst i böckerna om hur egocentriska människor uppför sig kunde hon nu föra den kunskapen vidare till andra drabbade kvinnor. Hon kände igen förvirringen som kvinnorna skrev om, och kunde förklara för dem att det inte var deras fel. Detta med att "det är inte en persons fel om två träter" gällde INTE när man blev misshandlad av en egocentrisk person. Vad man än gjorde skulle den egocentriske aldrig bli nöjd. Han skulle fortsätta att suga ut livskraften från den "snälla" tills inget fanns kvar mer att "suga ut"... Rosa delade den smärtsamma processen med dessa kvinnor.

Efter att Rosa hade tagit nervmedicinen i två månader slog det henne att medicinen inte bara hade hjälpt till med att hon kände sig lite frånvarande i sitt liv, även magen var annorlunda. När Troy numera aggressivt ropade hennes namn och ville att hon skulle komma dit han var, ofta för att uppfostra henne i något, så kände hon inte längre elstöten som började i magen och for upp i bröstet! Rosa blev väldigt glad att hon kunde leva lite bättre och detta var ett bevis på att medicinen fungerade.

Rosa hade otroligt stöd i att hon kunde maila sina vänner i Sverige. Hon hade även fått kontakt med psykologen Jenny i kyrkan vid ett av de senaste Sverigebesöken och som den varma och stöttande människan Jenny var, så erbjöd hon sig att vara ett bollplank via e-mail om livet med Troy skulle bli för jobbigt. En kväll skrev hon till Jenny:

"Idag har varit en jobbig dag. Han var hemma i flera timmar och var på psyk-humör! När jag på kvällen skulle till kyrkan kunde jag knappt ta mig till kyrkporten från bilparkeringen. Mina ben var så tunga.

Jag kom ihåg några gånger som jag hade vågat öppna mig för några bekantingar om att jag har det jobbigt med min man. Av några fick jag höra: "Men det är väl inte så farligt. Stå på dig lite så förstår han att han inte kan prata på det sättet mot dig. Lite jobbigt är det ju i alla relationer. HAN blir säkert sårad av saker du gör också."

Men det är inte det som händer mig! De fattar inte!

När Troy psykar mig så händer detta i min kropp:
- *Det känns som om han slår mig med sin knytnäve i mitt hjärta - så ledsen blir jag*
- *Det känns som om han skär in en söndrig flaska i min hjärna, och vrider om - så förvirrad blir jag*
- *Flera timmar efteråt i min ensamhet (när han har gått till jobbet eller nån släkting) måste jag vila för jag känner "brännstötar av brännmaneter" (svårt att förklara känslan) i mina vener*

- *Av oron blir jag stel*
- *Och för varje gång fylls det på med en "sten" som lägger sig på plats i magen –*
förstoppningen har jag ju haft i många många år
Så på detta sätt måste psykisk misshandel vara fysisk misshandel – min kropp påverkas ju!
Tack för att du lyssnar Jenny!

Om Rosa en kväll sa att hon ville titta på ett program när Troy var hemma kunde Troy få starka utbrott. Sådana program som fick Rosa att skratta tyckte Troy var skitprogram och han hävde sig över Rosa med hela sin överkropp i aggressivitet när han skällde ut henne. Rosa hade alltid svårt att koncentrera sig på vad som sades i programmet efter det. Ofta rusade Troy hemifrån, rivstartade bilen och åkte till sin familj. Tankarna som for runt i huvudet på henne kretsade kring hur Troy skulle må när han kom hem igen. *Vad skulle hända då*, var det enda som fanns i Rosas huvud. Hon hade lärt sig av Troy vilka program som var "av värde" att titta på, men denna höst var hon så väl medveten om att hon måste "fylla på med energi", kanske skratta, så hon kunde hålla sig flytande, så hon tog en del "risker" med teveprogram.

Troy fortsatte att prata, varje dag, i minst en halvtimma, om hur synd det var om honom som fick höra av Rosa att hon inte orkade fortsätta sitt liv med honom som hans fru utan ville ha separation. Rosa kunde inte förstå varför han upprepade detta hela tiden, då hon samtidigt bedyrade att hon inte ville ha separation nu – och dessutom gjorde allt som förväntades av henne som fru. Det var som om han var en människa som måste leva helt i symbios med sin fru, för han var helt beroende av att få energi från Rosa. Om hon inte ständigt gav energi till Troy levde han helt tom och i hysterisk rädsla. Som en tvååring vars mamma försvann för ögonblicket och barnet inte var moget nog att förstå om hon skulle komma tillbaka eller inte. Det var som om allt han kände måste Rosa också känna, allt han ville, tyckte och önskade, skulle också Rosa vilja, tycka och önska. Han bestämde sig för vad hon skulle få och hon MÅSTE bli glad för det - annars fick han panik.

En gång när Rosa blev utsatt för Troys monologer kom hon på att hon kunde fästa blicken på Troys haka eller panna för att undvika hans ögon som var så kontrollerande och genomträngande. Ibland lyckades hon också, och Rosa trodde att det var medicinens förtjänst. Hon försökte också tänka sig bort mot en ljusare framtid, tänka på sina föräldrar eller kompisar som stödde henne eller tänka på dofter från naturen i Sverige. Hon försökte, för sig själv, för att kämpa emot maktlösheten, att analysera vilka sorts projiceringar han sysslade med, d.v.s. om han försökte föra över skuld, plikt eller vrede på henne för att påverka henne att göra hans vilja. Hon kunde också ta hjälp av en mental bild där hennes skyddsängel hjälpte henne att skyffla ner alla hans ord i en stor avfallspåse! Ibland sa han att han vill höra mer från Rosa om vad hon tyckte. Då sa Rosa att hon skulle prata mer och mer.

När Troy inte var hemma en kväll skrev Rosa ner sina tankar i ett mail till Fia. Rosa hade träffat Fia i en bönegrupp den föregående sommaren och de hade funnit varandra direkt och blivit goda kompisar. Fia var en glad och stark kvinna, men hon hade inte alltid varit det. Hon hade också levt i ett misshandelsförhållande. Efter många år hade hon lyckats lämna mannen och när hon till slut kom på fötter bestämde hon sig för att utbilda sig till Kognitiv beteendeterapeut. Fia var ett stort stöd för Rosa, speciellt för att hon hade varit i samma situation själv. Rosa skrev:

Fina du, Troy vill bara att det jag säger ska vara lugnande och bra för honom. Hur kan jag då hålla en diskussion med honom om jag inte får säga något som inte han tycker om? Han säger att jag ska vara tacksam om han inte skriker. Jag läser uppmuntrande mail från mina vänner (TACK!), läser anteckningar jag skrev ner i somras från böckerna jag läste, försöker inte ta åt mig när Troy säger fruktansvärda saker. På helgerna när han, i värsta fall, inte går hemifrån på två dagar kan han driva mig till gränsen av vad jag klarar av, men jag får inte visa det, då blir det bara värre. Då läser jag flera gånger mina anteckningar som jag har i datorn. Här kommer en paragraf som jag tycker om. Den är från "Psykopatens grepp - Vägen ut ur farliga relationer":

"Det känns smärtsamt att behöva förlika sig med att det du trodde var kärlek, välvilja och respekt, inte var något annat än uttryck för maktbegär och kontrollbehov. Glöm aldrig att ingen är skyldig att underordna sig någon annan. Du har rätt att bli respekterad som en jämbördig människa, och du har rätt att vara fri att göra egna val och ta ansvar för egna känslor och handlingar."

Jag läser för att förstå vad han har gjort med mig. Kunskap ger mig lite styrka, men... jag behöver socker-, kolhydrat- och fett! Jag går givetvis upp i vikt, men kan inte göra något åt det nu.

Be för mig.

Rosa hade börjat gå regelbundet till terapeuten och tackade Gud för den möjligheten. Hon hade så mycket att berätta. Hon gick igenom så mycket och kunde få förklarat från terapeuten vad det var som gjorde att Troy uppförde sig som han gjorde. Hon berättade för terapeuten att Troy sa till henne att hon borde känna sig skyldig för hur illa hon hade behandlat Troy - vilket han sa till henne varje dag. Rosa sa till terapeuten att det var som om att leva med en tidsinställd bomb, att hon aldrig visste när hoten skulle börja igen. Rosa skrev ner på papper varje vecka vad hon ville berätta för terapeuten:

- Troy vill veta var jag är alla timmar på dygnet. Jag säger till honom att det är absurt, att det inte är genomförbart i praktiken, men han lyssnar inte på mig.
- Om jag har en annan åsikt än han, kommer han att hålla på att "övertyga mig" tills jag säger att jag håller med honom eller att jag blir tyst = jag gav upp. Min åsikt betyder inte något för honom.
- Han säger att det är löjligt att min mor fortfarande minns hur sårande det var när han informerade henne hur hon borde ha uppfostrat mig.
- Han säger att mina vänner säger att jag inte borde behandla honom så bra. Detta kommer att ge mig skuldkänslor och inte vilja se mina vänner, hoppas han.
- Han kallar mig egoistisk när jag inte orkar ta hand om honom, men ibland måste jag slappna av och återfå min energi eftersom han bara tar och aldrig ger mig någon.
- Jag kommer alltid att vara nervös att han kommer att börja skrika. Han har alltid plötsliga humörsvängningar. Han kan aldrig ändra sig och bli en harmonisk person.
- "Två kvinnor i ledande poster i politiska partier är två för mycket" vräkte Troy ur sig när de såg ett program på teve.
- "Kolla, hans hustru låter honom inte prata! Hon bestämmer var skåpet ska stå!" var Troys nedlåtande kommentar när en kvinna sa sin åsikt på ett bestämt sätt till sin man.
- Jag kan inte använda mina pengar för jag bestämmer inte över mitt liv, det gör Troy.
- Han säger att jag utnyttjar honom, jag lever på hans pengar och gör ingenting (Mitt jobb som mamma, maka och hemmafru börjar 6.00 och slutar ibland 23.00!)
- Han kan i en sekund byta från att vara elak till att han blir gästvänlig med gäster. Han har ingen empati för mig.
- Han blir vansinnig om jag inte accepterar allt han säger.
- Han glömde min födelsedag. Via hans föräldrar 2 dagar senare fick han reda på det. Anna var tvungen att be om förlåtelse för att hon inte hade påmint honom. Alternativet när hon säger emot är att bli utskälld och vem vill bli det?
- Troy sa: "Jag säger inget om vad du tar på dig och vart du går, så du ska inte säga något hur jag uppfostrar barnen. Jag bryr mig om vad som händer med barnen (inte jag??). Först när jag dör så får du uppfostra barnen."
- Han sa att han är bättre än mig, han känner sig stolt att han inte "föll för frestelsen att låta mig gå", han är syndfri, han har inte bett om separation. Han säger om han hade bett om separation så hade han aldrig kommit tillbaka, han har ju stolthet, så jag är nu hans slav, sa han.
- När han vill mig något så pekar han med ett finger i min arm... Det känns förnedrande, inte omtänksamt!
- Han är ironisk om att han "inte får klaga på något fr.o.m. nu". Jag frågade honom: "Gör det något om jag sätter på varmvattnen när det ändå generatorn är på, för jag ska

stryka?" Han sa: "Du gör precis som du vill, det är ju du som bestämmer nu så jag har inget att säga till om." VAD??

- *Han längtar efter "en dam att filosofera med, inte ha sex med" säger han med en drömsk blick. Någon han kan prata med. Räknas det inte också som otrohet?*
- *Först sa han att du, min terapeut, hade begått ett brott mot en patient, sen ändrade han sig och sa att det inte var så allvarligt. När jag sa helt lugnt att jag inte trodde på det, ändrade han sig och sa att: "Nej, din terapeut var i förhör för att vittna om när en annan patient begick ett brott". Är sanningen justerbar för honom?*
- *Han hotar med att han inte kan förlåta!*
- *Han tror att vi har en bra relation för han kan säga vad han tycker, (förolämpa mig osv).*
- *"Du har gjort mig till en alkoholist!" säger han.*
- *Jag klarar inte av att sova med myggor, och det vet han mycket väl. Men när han kommer hem så ska ALLA fönster öppnas. Han bryr sig inte om mig.*
- *Troy sa igår kväll med ett leende: "Det är så skönt att jag kan säga vad jag vill till dig. Vi kommer att prata mer och mer och jag kommer att få pengarna från dina obligationer i Sverige. Jag behöver de pengarna till min pension." Trots att han i alla år hade sagt att han ville att barnen skulle ärva obligationerna!*
- *Jag får höra att han har resignerat; han är så duktig att han kan gå ut ensam och träffa folk utan mig.*

På vintern, speciellt runt jultiden, blev Troy mycket labil och Rosa fick höra djupt kränkande saker.

"Jag vet hur man ska leva. Du vet ingenting! Jag kommer från en flertusenårig kultur. Du kommer från ingenting! Jag är kristen. Du är ingenting! Skulle du flytta till dina föräldrar i hopp om hjälp så kommer de att slänga ut dig efter ett tag! Skulle du lämna mig och försöka få jobb i Sverige skulle du bara få städjobb, ha dålig lön och endast få tag i en liten skitlägenhet långt bort från stan! Du har ALLT med mig!"

Varje dag påminde Troy Rosa om att hon var en ofattbart hemsk person när hon bad om separation, men sa till Rosa: "Om du lämnar mig nu så kommer jag inte att känna någonting."

Ibland var det svårt för Rosa att andas. Hur kunde en människa vara så grym...

Rosa såg fram emot att inte ha förvärvsarbete; hon orkade inte dubbelarbeta längre. Troy hade, under åren som Rosa jobbat för biskopsämbetet, mesta delen varit otroligt negativ till det. HAN hade förlorat på det, tyckte han. Att Rosa gjorde ett otroligt jobb, ständigt fick beröm och tacksamhet från alla som hon jobbade med, att hon kände att hon utvecklade sig, att hon hade Gud med sig i jobbet som inspiration till varenda detalj, det tyckte inte Troy var viktigt. Ja, tyvärr var det nog så, tänkte Rosa. För han medverkande inte i det... "bara" Rosa.

Det hade blivit ett nytt år och många skojade om nyårslöften; vad de hade lovat sig själva och de hoppades att det skulle bli ett bättre år. Rosa hörde dem prata och skoja, men befann sig så långt borta från allt detta. Så långt borta från vanligt liv. Skoja om småsaker... Rosa hade fullt upp med att hålla Troy lugn samtidigt som hon nu förstod att hon själv hade ett värde också. Troy sa nu ofta arrogant att han "måste få vara sig själv och få prata på vilket sätt han ville" till Rosa. Rosa tänkte på vad han sa. Hon visste att han skulle bli avskedad om han t.ex. uppförde sig på samma sätt mot sin chef .... *betydde det inte då att han hade förmågan att uppföra sig i vissa situationer, men valde att inte göra det, som när han var med henne? Betydde det att han INTE hade någon respekt för henne för han pratade ju dåligt om Rosa närhelst de var hemma eller ensamma... Respekt för barnen hade han inte heller eftersom han också pratade dåligt om henne framför barnen!*

Rosa tog mod till sig själv och frågade Troy när han inte var på så dåligt humör om hon kunde få simkort till simhallen. Det fanns ju en avdelning bara för kvinnor. Hon argumenterade och sa att hon "behövde hjälp med att gå ner i vikt" och Troy som gärna ville att hon skulle bli mer presentabel gav sitt ok. Det var så skönt att simma och känna det mjuka vattnet mot hennes kropp och hon åkte nästan varje dag till simhallen. Hon kunde blunda och simma och drömma sig bort till när hon simmade som ung – före hon hade träffat Troy. Hon behövde komma bort från verkligheten dessa stunder. Dessutom det var skönt att medicinen på något sätt gjorde henne lite frånvarande. Lite skrämmande egentligen hur en tillverkad tablett kunde påverka henne så, tänkte hon.

En nackdel av medicinen var att hon inte kunde känna glädje heller. Inte ens när hon träffade Gud, sin tröstare, i kyrkan. Hon gick till kyrkan för att fira mässan så ofta hon kunde. Före hon hade tagit medicinen kunde hon i stunder försvinna i lyckorus under mässan. Speciellt vid offertoriet, när brödet förvandlades till Kristus. Hon brukade själsligt försvinna in i Guds ljus, värme och totala kärlek. Nu var kyrkan en fristad, men hon upplevde inget med Gud. Rosa saknade Honom så mycket! *Var detta priset för att vara gift med Troy?*

Hon grät aldrig längre heller. Hon hade under samma behandling från Troy brutit ihop i gråtattacker innan, men nu var det som om "den funktionen" inte fungerade längre. Medicinen stoppade de känslorna i hjärnan. Det gällde i andra situationer också. Hon sa farväl av Christine som skulle flytta från landet. De stod varandra väldigt nära men inte en tår fällde hon. Det var som om hon var ett skal. Eftersom Christine kände till Rosas situation så förstod hon, men Rosa kände ändå sig så onormal.

Rosa hade inte varit hos tandläkaren på två år och visste att det var hög tid för ett besök. Tandläkaren blev väldigt orolig över att hennes tandemalj var så nedslipad. Han sa att hon gnisslade i tänderna på nätterna på grund av stress och den enda lösningen för att inte förstöra mer av emaljen var att hon använde ett plastskydd som satt runt tänderna. Plastskyddet var väldigt klumpigt och hon berättade för Troy varför hon var tvungen att ha det. Det var knappt han fällde någon kommentar.

I månader ville Troy veta vad Rosa pratade med terapeuten om och då sa hon att: "Det är inte bra för min terapi att jag diskuterar det med någon annan än terapeuten" och "Jag går igenom min barndom och uppväxttid, mina misslyckanden och svårigheter i livet". När Troy såg att han inte fick Rosa att berätta om terapistunderna började han fråga hur Rosa "KUNDE begära separation"... *Handlade allt om kontroll?*

Rosa åt väldiga mängder sötsaker och bröd för att döva ledsamheten. Ibland tog hon till söta drinkar för att komma bort från verkligheten, men inte så ofta. Sprit var inte riktigt hon, tyckte hon. Hon behövde mat som fyllde kroppen för att få känna lite av lugnet. Hon tänkte på varför det egentligen hade blivit så att hon tänkte på mat nästan hela tiden. Hon tänkte tillbaka. Det hade börjat några år efter hon hade träffat Troy. Hon kunde ta sig en chokladkaka när hon kände sig nervös, men hon gjorde det aldrig i Troys närvaro. Hon kom ihåg när barnen var små hur hon kände att hon njöt av sötsaker, men aldrig när Troy var i närheten. Hon kände instinktivt att han skulle döma henne. Inte på ett sätt som om han brydde sig om henne. Utan mer att han sa: "Är du inte klok!". Det var ju alla dessa utbrott som gjorde henne nervös och osäker förstod hon nu. Hon behövde tröst.

Troy hade en vinterkväll frågat Rosa om hon ville gå med ut på middag med en politisk grupp i societeten. Rosa hade sagt att hon nog inte skulle ha något gemensamt med dem och föredrog att stanna hemma. Detta var vågat av Rosa! Hon hade inte vågat säga något sådant för ett år sen! Att gå med till den middagen - hög klass, lite snobbigt folk, som Troy skulle vara mycket nervös omkring och på helspänn om Rosa skulle "göra bort sig" med att "säga något fel" – det var det minsta som Rosa ville göra! Hon skulle spänna sig för varje svart blick från Troy som han skulle skicka över middagsbordet och så skulle det bli skäll när de kom in i bilen! Några dagar senare ringde Troy från jobbet, samma kväll som middagen skulle hållas, och frågade om hon hade tänkt över om hon ville gå med på middagen. Rosa blev förvirrad. Hon hade ju redan svarat honom för några dagar sen att hon inte ville gå med! Så hon sa nej en gång till och önskade honom en trevlig kväll. Nu kom tio minuter av hot, varningar m.m. som Troy väste fram med låg röst. Antagligen hade han folk i närheten på jobbet så han fick kontrollera sin röstvolym. Men budskapet gick fram till Rosa och hon kände sig förkrossad. Tyvärr valde Troy att inte gå på middagen utan kom hem tidigt från jobbet och fortsatte att skälla på Rosa. Rosa fick inte ha en egen åsikt. Troy fortsatte att prata om hur bra han var och att Rosa skulle vara tacksam för att hon hade honom. Bristen på ödmjukhet satt som tjock luft i teverummet.

Rosa och Troy gick inte längre till samma kyrka på söndagarna. Troy började gå på en tidigare mässa och Rosa var så lättad att han inte tvingade henne att gå samma tid. En gång hade de dock en bussresa in i landet med församlingen och under den mest heliga stunden under Sakramental tillbedjan, när alla i kyrkan var helkoncentrerade på Jesus, meddelade Troy Rosa spydigt att hon borde gå till en präst, omedelbart, och bekänna sina synder, istället för att få Jesu välsignelse! Rosa hade varit öppen och sårbar i det ögonblicket när hon hade blickarna på altaret. Det var som om Troy klev rakt in och stampade på hennes hjärta.

Några dagar efter att de hade kommit hem från bussresan tänkte Rosa på Jenny, för hon visste att hon skulle förstå. Rosa skrev:

- *Det är inte mitt fel att han är olycklig. Hur han känner står han själv för. Men han förväntar sig att jag tar på mig skulden för detta.*
- *Det är inte mitt fel att inga besöker oss. Han har själv informerat alla om att jag "ska" lägga mig tidigt. Jag har, vid varje gång ämnet har kommit upp, uppmuntrat honom att ha gäster hemma en gång i veckan (jag lagar middag). Väljer han att inte bjuda hem någon är det hans fel. Men han förväntar sig att jag tar på mig skulden för detta.*
- *Eftersom det är så synd om honom för att jag bad honom att inte skoja på min bekostnad när vi är bland folk så han har inte roligt med mig ute. Och han förväntar sig att jag tar på mig skulden för detta.*
- *När jag lever som jag vill, säger det jag vill, tycker han att det är skit. Han har rätt att tycka så och säga det. Hur ska jag känna kärleken i hans uppförande då?*
- *Han säger att han gör allt som jag vill (håller tyst menar han). "Men jag kan ju inte hålla tyst alltid!" säger han. Det betyder att min åsikt inte räknas för honom.*
- *"Var inte så svensk och..." säger han nedvärderande om mitt ursprung när han inte har samma åsikt som jag. Han tyckte inte om när folk i Sverige såg ner på honom, men jag ska förväntas få samma behandling av min man i mitt hem!*
- *Det räcker inte att han håller tyst = gömmer problemen under mattan. Problemet är att han inte respekterar min åsikt.*

När Rosa blev sjuk visade sig Troy från sin värsta sida. En gång när hon hade varit sjuk; förkyld och haft ont i kroppen och huvudet i några dagar, orkade hon inte ens gå till kyrkan på morgonen. Barnen hade åkt iväg med skolbussen och Rosa sjönk tillbaka ner i sängen – där Troy vanligen låg i 1 1/2 timme till. Det visade sig att Troy också kände sig sjuk:

"Jag är sjuk. Jag har känt att jag ska spy i flera timmar och jag har ont i nacken och huvudet."

"Jag är också sjuk."

"Kan du vända dig om och krama mig och ta hand om mig lite?"

"Jag orkar inte röra mig."

Då började han beskriva hur dåligt han mådde. Som om det var en tävling. Det var så typiskt, tänkte Rosa. Om HAN var sjuk så ville han självklart att hon skulle ta hand om honom. Om Rosa var sjuk tog han aldrig hand om henne. Tvärtom brukade han bli irriterad och t.o.m. arg att hon inte stod till hans förfogande. Så Rosa fick vara tacksam att han i alla fall inte skällde på henne den morgonen.

Troy behandlade barnen på samma sätt som Rosa - trots att de nu var i övre tonåren. De skulle komma på hans befallning när han ropade på dem. Om de sa att de var upptagna med något lyssnade inte Troy på det örat utan höll dem hos honom tills han hade fått sagt det han ville och tills de hade svarat på alla hans frågor. Bror och Anna visade mängder med tålamod när de försakade sin egen tid och planer till förmån för Troy. Men de hade ju inget val. De visste att de skulle få fruktansvärda utskällningar och skuldbeläggas så de var varje gång tvungna att göra som Troy ville.

En kväll när Troy hade en av sina fruktansvärda utbrott mot barnen var när Anna kom hem 15 min efter den tid som hon skulle komma hem. Hon skulle komma hem 24.00 (från bowling med ungdomsgruppen i kyrkan). Alla åkte i samma taxi så hon kom hem kvart över tolv. Troy hävde sig över Anna och skrek oavbrutet i en halvtimma. *Han tror att ju mer han skriker ju "bättre" ska hon uppföra sig. Han tar ifrån henne all glädje!!*

När Anna nämnde för Troy att det fanns ett fantastiskt veterinärprogram i Kalifornien (Anna älskade djur) sa han att om hon lämnade landet för att studera utomlands så "kunde hon ta sin mamma med sig" och "han kommer inte mer att räkna henne som sin dotter". Sådana kommentarer hade tyvärr Troy slängt ur sig de senaste åren, men det blev aldrig "lättare" för barnen och Rosa att klara av dem. *Trodde han att om han hotade med utfrysning så skulle ingen resa ifrån honom?*

En annan gång när Anna kom hem 4 minuter efter utsatt tid på kvällen blev hon utskälld av sin pappa med så hemska ord så hon började gråta. Hon bönade och bad: "Snälla, jag är så ledsen att jag är sen", men han blev ännu aggressivare i sin utskällning. Rosa smög in till Anna när hon hade lagt sig och försökte trösta, men Anna var så ledsen så hon grät sig till sömns den kvällen. Dagen efter fortsatte i samma stämning. Vid bordsbönen till middagen la Troy till: "Och så ber vi om att Bror och Anna ska uppföra sig bättre, de behöver verkligen Guds hjälp till det". En stund efter middagen blev alla tre kallade till tevesoffan där Troy låg och han började "uppfostra" dem hur de skulle uppföra sig. Rosa fick sina order: "Om du inte står på min sida och behandlar Anna på likadant sätt som jag behandlar henne så kan både Anna och du se er om efter ett annat hem". *Vad skulle hon svara på sådant?*

Troy kunde t.o.m. prata om hur besviken han var på Rosa när hon låg i hans famn. Han började då kommentera det fakta att hon bad om separation för ett år sen: "Så du erkänner nu att du gjorde fel när du bad om separation?", "Älskar du mig nu?" och "Hur kunde du ändra dig?!"

Rosa svarade så gott hon kunde. Det var alltid det värsta när han pratade om hennes fel när hon var så sårbar. Om Troy inte blev tillfredsställd blev han på väldigt dåligt humör så Rosa gjorde så gott hon kunde för att hålla stämningen god, trots att hon hade ångest ända tills han var klar...

Rosa mötte honom med ett leende vid dörren när han kom hem kvällen efter.

"Gå och lägg dig nu med en gång, så slipper jag bli mer arg!"

När Troy var så där så gick det aldrig att få ur honom varför han var arg så Rosa fortsatte att prata om positiva saker för att försöka att få honom på bättre humör. Troy pratade ironiskt, skällde och glodde bara på Rosa. Hon gick och duschade och kom sen och satte sig ned vid honom i teverummet. Då sa han med avsky i rösten:

"Gå härifrån."

Då orkade Rosa inte mer utan sa godnatt och gick mot sovrummet.

"Se, du ville gå!"

Rosa fortsatte mot sovrummet och la sig trots att han skrek glåpord bakom henne. Nästa kväll sa han:

"Jag känner att du är arg på mig eller något."

"Nej." *Vad tjänade det till...*

"Om du är arg på mig vill jag veta det omedelbart! Om du väntar två timmar med att säga något, så kommer jag att säga att du ska dra åt helvete" sa han med hotande handrörelse och hotfull blick.

Rosa sa inget. Inte då och inte två timmar senare heller. Hade hon sagt att hon var arg på honom så hade han spenderat några timmar med att bevisa för Rosa att hon hade fel. Så hellre höll hon tyst.

Ibland var det som om Troy inte orkade yttra många ord på Rosa. Det mesta han sa då var "du måste…", "du måste göra…, tänka, vilja", "jag vill ha…", "gå och lägg dig nu (=jag tillåter dig)", "du gör ingen nytta här" eller "du gör mig arg när du är här".

Rosa grät en gång sen hon hade börjat med medicinen. Hon hade just kommit från terapeuten och hade öppnat sig totalt och var fortfarande skakig när hon körde bilen på väg hem. Telefonen ringde. Rosa svarade, samtidigt som hon mentalt var öppen och sårbar. Det var Troy. Han började skälla på henne om något hon skulle ha gjort. Tack och lov så var det bara ett kort samtal för Rosa kände halsen snöra ihop sig. Troy hann precis slänga luren i örat på henne när störtfloden kom. Hon var tvungen att köra intill vägen och stanna. *Vad hade hänt?* Rosa förstod att hennes "mur", som försvarade hennes inre, hade hon plockat ner hos terapeuten och hon hade inte hunnit "bygga upp" den igen före Troy ringde. Hans ord brände hennes inre.

Troy ville ha en bjudning med hemmalagad mat för några tyska chefer på sitt jobb. Rosa gjorde ordning olika förrätter, sallad, varmrätter och kaka till efterrätt. Hon handlade på morgonen och stod i köket hela dagen tills gästerna kom runt åttatiden. Vid middagsbordet ville Troy stolt kommentera att Bror läste till advokat:

"Ja, jag fick ju ingen avkastning från min fru så jag hoppas på min son."

En man vid bordet, som var advokat, blev helt paff och det bara föll ur honom: "Nej, men Troy, det där får du be om förlåtelse för. Det var inte snällt mot din fru."

Troy skrattade bara och sa inget.

Rosa tyckte Troy hade gjort bort sig och hon ville sjunka genom stolen. Detta fick Rosa att tänka på att kanske andra, i alla fall utlänningar, märkte hur han pratade till henne. Inga från hans land gjorde annat än skrattade, och det sårade Rosa många gånger, men de ville väl "inte lägga sig i".

En vacker vårkväll var det meningen att Troy och Rosa skulle gå ut på middag med ett annat par, men det andra paret kunde inte gå så Troy och Rosa skulle gå ut själva. Troy kom hem för att hämta Rosa och så skulle de åka tillsammans till restaurangen. Rosa hade fixat håret, sminkat sig och tagit på sig finkläder.

"Vad hemsk du ser ut i håret! Vad tjock du ser ut i dessa kläder! Nu går du och ändrar frisyr och byter kläder! Så här går jag inte ut med dig!"

Rosa kände ren ovilja att gå någonstans med honom efter allt skrik och vände sig om och började gå till sovrummet. Med "muren uppe" och medicinerna som gjorde henne mindre påverkbar ropade hon lugnt:

"Nej, vet du vad, då blir det jobbigt att ta av allting och så tar det tid att ta på nya kläder, nej då stannar jag hellre hemma..."

Många andra tankar gick genom huvudet, men det var det hon sa. Troy rusade givetvis efter henne och fortsatte med att bevisa att han hade "rätt i" att skälla på henne för hon var faktiskt ful när hon såg ut så där med tjock mage, tjock rumpa och elefantben...

"Gör något åt ditt utseende" skrek han igen, "Jag kan ju inte gå ut med dig så där!"

Rosa tog resignerat på sig pyjamasen och hon hörde hur han ringde någon, antingen sin mamma eller någon av sina systrar, för att få tröst. Rosa hörde hur han berättade hur hemsk Rosa såg ut. Hon hörde på hans svar att personen sa något, som de brukar säga, "Ta det lugnt, hon vet ju inte så mycket, som vi, om hur man klär sig fint. Tänk på ditt blodtryck och lugna ner dig". Rosa tänkte på att de aldrig hade försvarat henne. Efter telefonsamtalet hörde hon ytterdörren smälla igen. Dagen efter sa han:

"Det var väldigt allvarligt det som hände oss igår, men vart ska jag ta vägen! Jag är fast här med dig!" sa han dramatiskt och svängde ut med armarna som om han offrade sig själv.

Rosa försökte sortera ut alla detaljerna i sitt huvud. Att säga sin åsikt hade hon slutat med för länge sen. Hon visse ju hur det skulle sluta. Kvällen före hade Rosa inte gjort någonting vilt, det var han som psykade och dagen efter försökte han lägga över skulden på henne; att det var hon som skulle tycka synd om HONOM för att HON fått honom att må dåligt!

Av alla böcker om energitagare, känslomässig utpressning och narcissism som Rosa hade läst såg hon att så mycket stämde in på Troy. Hon försökte att analysera vad han sa till Rosa så hon uppmuntrade sig själv med att INTE ta emot projektionerna av hot, skuld och plikt, för att behålla lite styrka och värde. Troy gav absolut INGEN empati eller respekt till Rosa, men krävde det hela tiden av henne.

Rosa hade tyckt det var synd att Troy skulle somna ensam i sin säng så hon hade på de senaste åren gått till sängs med honom så han inte somnade ensam – och sen när han började snarka så hade hon gått iväg till teverummet för att få sömn resten av natten. Men nu hade Rosa i ren självbevarelsedrift börjat gå och lägga sig i Brors säng på vardagarna. Bror bodde nu hos sin farbror i stan. Givetvis fanns det kvällar då Rosa stannade uppe med Troy förstås och gick till sängs med honom och tog hand om honom, men efter det lämnade hon Troy och gick och la sig i Brors rum. Hon var så sliten och behövde styrka så hon vågade sig på detta. Nog för att hon fick höra emellanåt att hon hade "övergivit honom", som han sa, men där gick hennes gräns nu. Hon orkade inte bry sig om de orden. All kraft gick åt till att sköta vardagen.

Nu hade Troy en stark period med krav. Han ville att Rosa sålde sina ärvda obligationer - så han kunde ha de pengarna som garanti, "om du skulle lämna mig", som han sa. Han sa att han "hade räknat med" att Rosa skulle sälja obligationerna om de fick ont om pengar! Till Rosas föräldrar hade han sagt att Bror och Anna skulle få obligationerna! Rosa kokade inombords. Han hade ljugit! Aldrig att hon skulle gå med på att ge honom dem! tänkte hon.

Rosa skrev mail till Hanna:

Får jag bara vila på dina axlar en minut?

Jag inser att jag har fullkomligt levt i Troys kontroll - men ändå hoppats att bara jag gör så och så, så kommer han att bli snäll mot mig. Och jag försökte förstå... i åratal.

Hela mitt liv med honom går ut på att serva honom i allt HAN vill och varenda gång jag vill göra något, och gör det, så får jag "betala för det" på något sätt efteråt. Så jag slutar att göra något som jag själv vill. Det blir liksom lugnare inom familjen då. Det är något jag kan kontrollera i alla fall. Att bara göra det som HAN vill. Jag försökte i åratal att förstå varför det bara var HAN som gällde. "Diskussionsstunderna", då jag gav kärlek, förståelse, öppenhet för att "få igenom något litet till mig också" slutade ändå alltid med att han hade manipulerat mig till att han skulle få mer och jag skulle ge det till honom. HANS familj, HANS vänner, HANS land, HANS omgivning, o.s.v. beskrev han som det mest fantastiska som fanns. Och jag skulle också "kunna få bli inbjuden" att leva i detta underbara. Att min familj, vänner o.s.v. skulle förstöra mig (de hade redan förstört mig sa han) förklarade han med sina starka och manipulerande ord. Han älskade ju mig, så varför skulle han ha fel? Så vi flyttade till hans land...Det skulle visa sig med åren att HANS familj, vänner o.s.v. skulle förbli just HANS. Inget skulle visa sig vara som han hade sagt.

Men vad hjälper det att förstå varför någon är elak när den inte slutar vara elak?

Rosa vann något livsviktigt av att leva med honom. Hon hade fått en mycket stark Gudstro. Hon var övertygad att Jesus hela tiden var bredvid henne, vad hon än gjorde under dagen och gick igenom. Den Heliga Eukaristin var verkligen helig för Rosa. Hon gick igenom en svår ambivalens med att "lämna sitt kors", hennes äktenskap som var ett sakrament, och det var inte lättare när Troy hela tiden bankade in i hennes huvud: "Du lämnar inte ett äktenskap som är välsignat av Gud."

Rosa visste att hon skulle dö själsligt/kroppsligt/begå självmord om hon stannade mer "i hans vård", så hon bad Gud om att få ta över ett annat kors istället. Men valet var inte lätt. En del av henne sa att om Gud stöttade henne i sitt liv med sin tuffa man, *så borde hon väl ha orkat stanna kvar?* Det var svårt för henne att erkänna att hon trots sin starka tro blev så påverkad av sin man så att hon inte orkade mer.

Troy sa alltid att om hon lämnade honom skulle hon aldrig komma till himmelen.

Prästerna i Sverige hjälpte henne på ett konkret sätt. Hon frågade två präster med hög utbildning i kyrkans lag och som var kända för sin djupa andliga kunskap. När de hade lyssnat på hennes historia försäkrade de henne att hon inte skulle bli dömd av Gud om hon lämnade sin mans hushåll, eftersom situationen var så allvarlig.

Rosa stod i vägskälet och kunde välja mellan att stanna kvar med Troy, fortsätta ta starkare och starkare medicin för att orka eller lämna honom. Men livet med starkare mediciner skulle ha förvandlat henne till en zombi och hon var rädd att han skulle ha tagit till sina kontakter inom psykvården och fått henne inlagd om hon fortsatt att beklaga sig över hans uppförande mot henne, som mycket väl skulle komma att ses som "hysteri". *Vad skulle hon göra?* Hon var i hans land – långt bortom lagar om hustrumisshandel och kvinnorättigheter. Hans familj stödde honom. Det andra alternativet stod och knackade på dörren. Hon skulle bli tvungen att lämna honom. Efter alla år av förolämpningar, hot och stress så orkade Rosa inte längre stanna hos Troy. Rosa hade en stark Gudstro – och ändå – så var hon tvungen att lämna. Hon hade ingen möjlighet att bo någon annanstans i landet. Hon hade inga egna pengar. Det fanns inga kvinnohus. OM hon skulle få tag i ett rum att hyra skulle han veta var hon bodde och inte lämna henne i fred. Hon skulle bli tvungen att lämna landet och flytta in hos sina föräldrar. Men hon måste vänta tills båda barnen blev myndiga så hon kunde fråga dem om de ville följa med henne. Det måste vara deras val.

Rosa skrev ner några anledningar till varför hon måste lämna Troy:

- *Jag vet att han aldrig kommer att ändra sig*
- *Han kontrollerar mitt liv*
- *Jag kan inte berätta för honom mina åsikter. Han tycker inte om dem. Då måste jag göra som han vill. Annars dömer han mig*
- *Han säger att han bara "vill mitt bästa", men jag är tillräckligt vuxen att välja vad som är bra för mig. När jag väljer något som inte han tycker att jag ska göra blir han väldigt arg.*
- *Han måste vara med från början i varje beslut jag tar. Har han inte varit det så skäller han på mig och så kan jag inte göra det som jag ville göra från början.*
- *Efter alla år tillsammans med honom har jag lärt känna honom. Jag vet hur han vill kontrollera mig, se ner på mig, så jag måste planera grundligt varje sak jag säger till honom. Jag lever hela tiden spänt.*

- *När jag vet att han är bjuden ut till middag efter jobbet kan jag slappna av lite för jag vet att den kvällen kan leva i frid. Jag behöver inte vara spänd och orolig över hur han kommer att uppföra sig mot mig på kvällen. Jag behöver inte komma på "rätt" saker att säga. Jag behöver inte vara rädd att jag ska påverka honom så han blir arg på mig. Jag behöver inte, den kvällen, hålla reda på vad jag berättar om barnen så han "upptäcker" något och börjar skrika på dem och nedvärdera dem. Jag vet att den kvällen kan de också vara avslappnade.*

- *Jag kan inte be honom om att få göra något och säga att den saken gör mig glad, för att han kommer bara att säga sin åsikt och det får jag rätta mig efter. Tycker han att jag ska göra det så "låter" han mig göra det. Om han inte tycker om det kommer han att hindra mig på ett eller annat sätt. Mina åsikter om en sak ska formas så att jag har samma åsikt som han.*

- *Om jag står upp för barnen, när han förnedrar dem, skriker han och säger att han bestämmer över barnen, sätter pekfingret mot munnen och fräser "håll tyst".*

- *Han hotar att han till slut kommer att äga mina ärvda obligationer.*

- *Han kommer alltid att straffa mig för att jag inte orkade utan bad om separation.*

- *Han säger att jag kommer att inse att han är den bästa maken som jag kan hitta.*

- *Han säger att jag borde vara tacksam att han inte är svag som jag utan mentalt stark så han inte accepterar en separation mellan oss.*

- *När han vill kallar han mig idiot och "svensk", vilket han har omformat till ett svärord. Allt för att jag ska hålla mig på min plats.*

- *Jag trodde att det var normalt att jag skulle acceptera "hans hårda ord" och förlåta honom för dem bara för att han hade ett svårt liv med tufft jobb och för att han var skapad med temperament, men det är inte normalt.*

- *Han är så bra på att övertyga mig om att jag är dålig.*

- *Han har så många gånger sagt att han vill att jag ska flytta tillbaka till Sverige så att hans familj kan ta hand om barnen. Han säger: "Åk tillbaka till Sverige och lämna oss ifred".*

- *Om jag anförtror honom något känsligt om mig själv kommer han att sprida det till vem han vill.*

- *Han kan ljuga om mina föräldrar eller vänner. Han vill inte att jag ska kunna lita på dem.*

- *Han skrattar åt mina släktingar, han nedvärderar mina föräldrar och syskon för hur de lever sitt liv.*

- *Om han vet att jag pratar med mina vänner om vad han gör mot mig så är jag rädd för vad han ska göra. Han å andra sidan berättar för alla han vill om mina fel.*

Troy åkte iväg på kyrkans bibelvecka med några i sin familj. Han frågade inte Rosa om hon ville följa med och hon sa inget om det. Rosa såg fram emot en veckas vila. Det tog 24 timmar innan hon kunde börja andas lite lugnare - stelheten satt kvar i kroppen. Dag två skickade han sju sms och förväntade svar på alla. Varje gång mobilen surrade hoppade Rosa till; hon hann ju inte slappna av ett dugg före nästa sms kom igen! Hon visste att om hon inte svarade honom skulle han bli ÄNNU hemskare så det var inte en möjlighet. Men efter det sista sms:et, som bara var en upprepning av de 4 sista (han sa att Rosa ljög om en bekant) så skrev Rosa helt sonika: "Vill du verkligen betala för alla dessa sms?". Sen hörde han inte av sig. Hon visste att hon säkert skulle få betala för att hon hade skickat det sms:et, men hon ville verkligen ha denna vecka för att vila och få lite förnyad kraft. Om han skulle ha fortsatt med sms hela veckan skulle hon ha liknat en stålspik när han kom hem...

När han kom tillbaka var han rosenrasande på Rosa och han sa inte mycket, men upprepade hela tiden:

"Jag KAN inte vara i samma rum som dig! Du har förstört mitt liv! Du har förstört min bibelvecka! Jag har vittnat för alla där att jag har en hemsk fru! Det är ditt fel!"

Han sa att det var Rosas fel att han avskräckte ett par, där i samlingslokalen, att gifta sig för att de inte var från samma land. Troy väste också mellan tänderna att det var Rosas fel att han var alkoholist.

"Nu är det min tur att be om separation! Du måste tänka på hur du har förstört mitt liv! Åk till dina föräldrar så ska vi se om de kan ta hand om dig bättre än jag. Ta Anna med dig, hon är ju inte bättre än sin mamma!"

Rosa bara stod där och tog emot slagen; slagen från hans mun... Hon visste att hon hade ett tag till att stå ut och hon fick inte spä på med att konfrontera honom... Men hon var jätterädd. *Skulle han kanske tvinga henne ensam ut ur huset före Bror och Anna blev 18år?* Då kunde hon förlora dem! Rosa pratade med sin bästa väninna. Hon rådde henne: "Håll dig lugn och erkänn inget.", vilket var bra rekommendationer, tänkte Rosa. Imorgon kunde han slå om och skulle kanske säga raka motsatsen. Oron och paniken hade ett starkt fäste i Rosas kropp hela dagen.

På eftermiddagen var hon lite ute på nätet och det gjorde henne lugnare att läsa om sådana som beter sig som Troy – för att förstå hur de tänker. Vad det var som drev Troy att uppföra sig så mot henne. Rosa kunde dock inte förstå hur det kom sig att ju mer hon hade öppnat sig för Troy med att berätta sina innersta känslor ju värre hade han blivit. Han kom alltid ihåg Rosas känsliga punkter och så använde han alltid dem till att såra Rosa.

Några dagar senare annonserade Troy att han ville ha en familjekväll. Hans föräldrar och hela hans familj skulle komma. De kom för att titta på film från bibelveckan de hade varit iväg på. Kvällen avlöpte väldigt trevligt och avslappnat, men det tyckte tydligen inte Troy. Rosa funderade på om hon kunde ha startat hans irritation något genom att hon ville att Troy skulle sitta borta vid teven där fönstret var öppet - för hans cigarettrök gjorde att hon fick hostattacker. Han tyckte ju inte om att ändra på något. Efter två timmar - när både Bror och Anna hade haft långa toalettbesök - startade han:

"Här hade jag sett fram emot en trevlig familjekväll och så springer ni fram och tillbaka!"

Bror förklarade att han hade haft en naturlig anledning till att vara borta från teverummet, men hans pappa hörde givetvis ingenting utan fortsatte att skälla. Nu hörde det till saken att hans pappa ville att Bror skulle kopiera några filmer på sin dator (som Troy ville visa den kvällen) så Bror försvann ibland för att se hur långt det hade gått med kopieringarna. Detta räknades nu till Brors skuldkonto. När Bror stod på sig och sa att han bara gjorde det som sin pappa ville så började Troy att svära åt Bror och säga hur "stöddig" och "respektlös" han var mot sin pappa. Bror försökte åter att lugna ner sin pappa, men nu i lite mer undergiven ton för att Troys utbrott inte skulle bli större. Troy fortsatte att skrika samma saker för att "vinna" över sin son och vid nästa kommentar sa Bror bara: "Ok, ok, ja just det".

Rosa led mycket med sin son, för hon hade ingen talan för honom, eller för Anna. Anna och Rosa blev också utskällda för att de hade "pratat för lite" med Troys familj, men det var mest "Brors tur" att bli utskälld den kvällen. Rosa tittade bara ner i soffan. Hon visste att Troy inte lyssnade på hennes åsikt och t.o.m. barnen hade sagt till henne: "Det blir bara värre om du säger emot, mamma".

Två dagar senare hade Troy åter försökt att få Rosa dit han ville och morgonen efter fick Rosa ett tillfälle att skriva till kompisen Fia:

Snälla, jag måste berätta: Igår hände något som var så fint manipulerande från hans sida så att jag skulle ha gått på det för ett år sen och känt mig fruktansvärt värdelös.

Han har velat att jag ska gå med i hans bönegrupp (jag som räknar dagarna tills den veckodagen kommer så jag kan slippa hans tryckande närvaro hemma DEN KVÄLLEN...). Nu hade de något att göra på engelska och datorjobb och han tyckte att jag kunde hjälpa till. Jag har dragit mig ur sådana "erbjudanden" innan. Jag ringde mig och började prata om hur dålig jag är; "Du måste...", "Jag säger till dig...", "Du ska..." började de flesta meningarna. Och så det manipulerande: Han sa: "Jag vill veta vad du tycker om så vi kan komma närmare varandra." För ett år sen skulle jag ha gått in i hans nät och trott att det var fint sagt av honom. Nu vet jag att allt som jag säger i förtroende till honom kommer han definitivt att utnyttja.

Nu svarade jag honom på varför jag inte ville hjälpa till i bönegruppen (för att de pratar för mycket politik där) och då började han försöka övertala mig att hjälpa till genom att få mig att känna mig värdelös som inte "tog ett steg utanför hemmets väggar och gjorde någon insats någonstans!"

För ett år sen som sagt skulle jag ha känt mig värdelös, fått ångest av att ha blivit (ned)"värderad" och gjort som han ville. Nu vet jag hur han fungerar och jag är bara en människa som ska följa HANS order. Självklart ska jag lämna honom.

Jag skulle vilja hjälpa till med kvinnofrågor i mitt samhälle. All den erfarenheten jag har fått måste ju gå att använda till något. Gud kan använda mitt liv till något gott. Jag har haft kontakt med ett kvinnohus och jag vet att de har grupper för misshandlade kvinnor som träffas och får hjälp att helas från misshandeln. Jag är så tacksam att mitt lilla samhälle erbjuder sådant. Jag hoppas kunna gå med i en sådan grupp när jag kommer till Sverige. Det är "lustigt" att så fort jag spenderar en tid, (mentalt!), utan min man får jag massa idéer vad jag kan göra. Det är som en ny VÄRLD öppnar sig på vid gavel när jag inte har honom som dömer minsta steg jag tar. Jag hoppas han inte har tid att följa med till Sverige nästa gång, för jag vill inte att han tar ett steg till in i mina föräldrars hem. Han uppför sig alltid som om han ÄGER stället när han är där, och mina föräldrar är så snälla. Han röker inomhus och ska alltid få min pappa hela dagen till att dricka sprit. Han tycker det är roligt att "spela ut oss mot varandra". Ja, du förstår vad jag menar.

Be för mig.

Rosa hade massa skuldkänslor för hur hon låtsades när hon levde med honom. Hon skulle ju lämna honom. Men barnen måste bli myndiga. De måste ha chans att välja om de vill åka med henne eller ej. Hon ville inte att Troy anade oråd. Denna period var det mest helgerna som var fruktansvärda. Troy satt med henne i flera timmar då han berättade för henne hur dålig hon var. Under dessa veckor jobbade han mycket på kontoret så Rosa såg honom mindre på vardagarna. Det slog Rosa att de flesta i världen längtar till fredagen för då kommer helgen och då får de vila, men hon längtade till måndagen för då kunde hon få några timmar ledigt från sin mans psykiska misshandel. Allt eftersom veckorna gick blev Troy värre och värre mot Rosa och ju mer tiden gick kände hon mindre skuld att hon låtsades.

Troys äldsta syster fyllde år. Troy hade bett Rosa gå till musikaffären och be dem att kopiera över en film på ett videoband. Det visade sig när de skulle titta på filmen att affären inte hade gjort rätt så de kunde inte se på filmen. Troy svor åt Rosa att hon inte kunde "ta hand om någonting". Rosa kände sig så förnedrad där alla i familjen bara satt och tittade på henne.

"Men prata med dem i affären för att få reda på vad som blev fel..."

"Jag övertar inte något du har börjat med!"

Rosa kände sig så smutsig.

Under festen tog Troy kort på alla, förutom Rosa. Henne viftade han bort med handen och sa "flytta på dig" då han skulle ta kort på de andra. Vad Rosa kände att hon inte var vatten värd! När han ville henne något körde han in pekfingret i armen på henne och sa vad han ville att hon skulle göra. Dels gjorde det ont och hon fick lätt blåmärken. Dels var det så ovärdigt. Han ville att Rosa skulle prata med systerns man som var datorkunnig och kunde säkert fundera ut vad som hade gått fel med inspelningen. Rosa började förklara exakt vad som hade hänt i affären. Troy avbröt henne och skrattade åt henne och sa:

"Tror du han ska förstå något när du förklarar så där!"

Ännu en gång stirrade bara alla på henne.

När födelsedagstårtan kom in ville Troy att Rosa skulle sjunga "Ja må du leva". På svenska. När ingen annan förstod. De första åren trodde Rosa att han ville att hon skulle sjunga födelsedagssången på svenska för hennes skull... Men sen när åren gick blev det konstigt när de sjöng den på svenska för folk som uppenbarligen inte skulle uppskatta eller förstå det. Det verkade som om det var ett sätt för honom att utmärka sig som speciell, och det var bara pinsamt. Troy märkte att hon tvekade och sjöng själv.

Troy var helt okunnig i hur man umgicks med barn. Inte bara sina egna utan han valde också att "uppfostra" alla sina syskons barn på samma sätt - när han träffade dem. Han kunde bära iväg barnet till ett annat rum, trots att barnet skrek att hon/han ville stanna hos sin mamma. Han tog leksakerna från barnet och när barnet då började skrika mer så höjde han rösten, satte fingret för sig mun och skrek åt hon/han att vara tyst. Rosa såg nu det grymma i Troys uppförande.

En morgon hade han ett typiskt samtal med Anna i köket. Han frågade:

"Vad har du för drivkraft att gå vidare och lyckas med studierna?"

HUR skulle Anna svara på det? Självklart såg Anna helt undrande ut i ansiktet när hon försökte förstå frågan, men eftersom hon hörde att det här samtalet bara skulle leda till en sak så försökte hon sig på ett stammande svar. Troy for ut mot henne att hon "var samma misslyckade person" som sin mamma och moster. Rosa visste att hon inte hade någon rätt att ifrågasätta något som Troy sa till barnen, det hade han gjort fullkomligt klart för henne, så hon kunde bara vara kvar helt förstenad i köket och lyssna på vart detta skulle leda. Då frågade Troy Anna hur hennes relation med Jesus var. Rosa visste precis vilka val som for igenom Annas huvud. Om hon skulle säga "bra" så skulle Troy dra upp fel hon hade begått och sen säga: "Hur kan du säga att du har en bra relation med Jesus?". "Om hon skulle säga: "dåligt" så skulle Troy låta henne känna sig misslyckad av att hon "inte gjorde något åt det". Han hade ju ofta sagt att han inte "litade på" att hon bad. Därefter fick hon lämna köket. Troy skulle bli vansinnig om Rosa lämnade köket för att gå efter Anna så det tog timmar tills Troy gick hemifrån och Rosa kunde gå och trösta Anna.

Rosa drömde mycket om framtiden i Sverige för att orka. Det var skönt att för en stund försvinna från verkligheten. Hon tänkte på allt hon skulle göra det första året i Sverige; gå på utställningar, bokmässan, gå med i kören i kyrkan, se krokus, tussilago och påskliljor för första gången på alla år hon bott utomlands. Att lukta på syrenbuskar skulle bli underbart!, o.s.v., o.s.v. Hon fick idéer om hur hon ville börja fotografera igen, men nu skulle det vara människor, foton som visade människornas inre känslor, kanske hon kunde ställa ut. Hon fick sådan motivation bara av att veta att Troy inte skulle trycka ner henne längre. Listan var lång... Men mest var hon glad för att hon inte skulle vara i Troy våld längre! Troys land var helt ok att leva i. Det bästa med landet var förstås att det fanns så många kyrkor som erbjöd mässor på morgonen och kvällen. En kompis frågade Anna: "Skulle du hellre bo i detta land utan Troy, eller i Sverige med Troy?" och självfallet var svaret det första alternativet. Om Troy skulle få en sjukdom och dö, så skulle Rosa bo där barnen ville bo, vilket antagligen skulle vara landet de växt upp i. Men då kunde Rosa själv bestämma när hon ville besöka Sverige! Hon skrev en lista till sig själv:

När jag blir fri kommer jag:
- *Att kunna bestämma att jag vill resa bort och hälsa på någon utan att "be om lov" först. (Jag behöver inte tänka på om Troy inte tycker om personen och sen vara spänd på vad han ska klaga på när jag kommer hem, ironiska kommentarer som "hur kunde du ha skoj hos henne...", "hur kunde du lämna mig ensam")*
- *Att få diska på mitt sätt (utan att ha hans granskande ögon när jag diskar så jag "gör det rätt")*
- *Att kunna prata i telefon så länge jag tycker (utan hans kommentarer att jag ska sluta)*
- *Att kunna äta någon gång på McDonalds utan att behöva förklara varför jag åt där*
- *Att vakna varje morgon utan att behöva tänka "vad hände igår, mår han bra eller dåligt?"*
- *Att kunna sitta vid matbordet med barnen och skratta åt dumheter*
- *Att kunna ha framme brev och vykort till mig (utan hans kommentarer)*
- *Att prata gott om mina föräldrar och min stad*
- *Att slippa magont när telefonen ringer*
- *Att hänga upp tavlor på väggarna som jag tycker om*
- *Att kunna ha min stil på hår och kläder*

- *Att kunna bjuda hem mina kompisar i lugn och ro*
- *Att kunna läsa vilka böcker jag vill (utan kommentarer om hur värdelös jag är när jag läser sådant som just han anser "oviktigt")*
- *Att veta att han aldrig mer kommer att öppna ytterdörren*
- *Att vakna och veta att jag inte ska bli misshandlad idag*

En dag föreslog Troy lyriskt att Rosa skulle bjuda med sina kompisar upp till ett känt klipplandskap i bergen där de kunde ha picknick. Rosa tänkte att hon hade så många gånger berättat för Troy att hon inte tyckte om klipplandskapet där uppe, hon tyckte om skogen eller öppna landskap där hon kunde promenera och att hon kände sig klaustrofobisk i det karga landskapet. Bara för att en välkänd poet hade gjort området känt så påverkade inte det Rosa! Men Troy kände sig speciell när han var där. Rosa visste inte vad hon skulle svara för det var så absurt och Troy sa då bara:

"Ja, strunta i det då."

Rosa som inte hade länge kvar med Troy hoppades att detta inte skulle trigga ett av Troys utbrott och hon var tacksam att han lät henne vara denna gången. Det blev så konstigt när Troy "kom med förslag" på vad hon skulle göra. Han "menade så väl", men allt var speglat till att det han "föreslog" var sådant som han tyckte om – inte sådant Rosa tyckte om. När Rosa inte "verkade så intresserad" när han kom med förslagen så blev han ofta arg på henne och kallade henne vanligtvis en människa "utan motivation" och han fattade inte hur han hade blivit "fast med henne vid sin sida". Rosa hade klarat sig denna gång och hon tackade Gud för det. Nu såg hon tydligt att han levde utifrån sig själv bara. Hans önskningar var de enda som gällde.

Rosa skrev till Jenny för att lätta på hjärtat:

Den sista veckan har han knappt inte kunnat säga något annat till mig än: "Du har förstört mitt liv. TITTA HUR JAG LEVER!" och så öppnar han armarna i en stor gest för att visa hur MYCKET han lider.

Igår sa han att jag liknade en "ett smutsigt djur" som kom tillbaka till honom för ett år sen. Och min insats i vårt äktenskap liknar en "hora som har varit på gatan och horat hela dagen och sen kommer hon hem till sin man på kvällen".

Vi tittade igår på ett kristet diskussionsprogram på TV och en dam tackade Gud helt naturligt för att hon hade sin man och deras barn. Min man började gråta och peka på mig: "Ser du!, det är så du ska vara!"

Jo, tack, en sån kärlek önskar vi nog oss alla. Men min man KRÄVER att bli beundrad och älskad - utan att ge kärlek...

Han tycker inte att jag "gör någonting för att göra honom lycklig". Nej jag faller inte i gråt vid hans fötter längre, som jag gjorde förr i tiden, och ber och ber honom att han ska bli snäll mot mig igen; jag bara försöker vara vänlig mot honom när han kommer från jobbet, laga specialmat till honom, stanna uppe och vänta på honom om han kommer hem före 22 och se till så han blir nöjd på andra sätt. Jag sköter även mina "äktenskapliga plikter" för att hålla honom något lugnare. Vill han skrika och förolämpa mig så sitter jag bara tyst för jag ger honom inte längre min energi.

Imorse väckte han mig med att säga: "Det är bara du som får djävulen in i mig.". Jenny, det är nog så att ALLA som inte följer HANS lagar "får honom att ta emot djävulen", har jag märkt...

Ja, du hör att om jag inte är MYCKET stark och målmedveten och "groggy av medicinen" bredvid honom kan han lätt förstöra mig.

Imorse ringde han från jobbet och sa: "Du får inte anklaga mig en gång till för att jag gör något dumt mot dig, JAG klarar inte av det!". För 1 1/2 år sen hade en sådan kommentar gjort mig sängliggande, men nu försöker jag analysera det och tänker att det kan jag ha med i min biografi. Berättade jag att jag har planer på att skriva ner mitt liv med honom och det kanske kan bli en bok av det?

Jag måste bita mig i tungan ibland för den enda kommentaren som vill komma ur min mun är: OCH HUR GÖR DU MIG LYCKLIG I DITT SÄLLSKAP???, men jag måste påminna mig om att han INTE lyssnar ett dugg på mig utan istället för in mig i ett hörn "i diskussionen", gör mig förvirrad, får mig att gråta och sen är han nöjd när han har fått "rätt".

Jag har ett bra tips till hur man lever med en energitagare som gillar att prata om hur dålig man är, d.v.s. om han pratar på telefonen... Ta bort luren från örat ett tag tills du hör att hans tonläge har gått ner. Om han frågar dig: "Har du inget att säga om det!?" frågar du: "Ja, men hur menar du egentligen?" och som den egotrippade människa han är som vill höra SIN RÖST hela tiden så upprepar han det "viktigaste" i sin utskällning.

På så sätt har din kropp sluppit att ta emot hans negativa energi till ca 80%, DEN GÅNGEN.

Egentligen ska det ju gå till så här:

Han berättar på telefon hur dålig du är. Du märker att "nu börjar han igen" och då lägger du bort telefonen på en halv meters avstånd. Efter en stund när du hör honom skrika: "HALLÅ", för han undrar varför han inget hör ifrån dig. Då tar du upp telefonluren. Han skriker: "Lyssnar du inte på mig?". "NEJ", säger du, "Jag lyssnar inte när du pratar i den tonen till mig. Jag är värd mera."

Jag måste fortsätta med alt. 1 för jag är för rädd för vad som händer om jag tar alt.2. Ett tag till.

En fruktansvärd kväll hade passerat och Rosa beskrev nästa dag i ett mail till Fia:

Jag kör iväg vid 22-tiden för att hämta min Anna hos en kompis. Troy är hemma. Anna hade den dagen badat vid stranden med sin kompis och vid 18-tiden ringde hon mig och frågade om hon fick följa med kompisen hem. Hon får "ja" från mig och hon frågar per sms sin pappa om hon får gå, och hon får ett "ja"

När Anna och jag kommer hem och parkerar bilen kommer hon på att Troy inte tycker om att hon går ut med "kort kjol" ute. Klänningen slutade 10 cm över knäna...

Jag sa till henne att jag kan gå in före henne och så kan hon smita in i sitt rum och byta kläder. Han satt i fåtöljen närmast dörren... så hon kunde inte göra annat än att gå och hälsa på honom så "hjärtligt" hon kunde. Det tog 2 sekunder innan han började skrika. "Anna, stå där och snurra runt så ska jag titta på dig!"

Anna försökte lugna ner honom med att säga att hon ju hade varit klädd för sandstranden och då är ju en sådan klänning perfekt! (en ljusblå sommarklänning med fina volanger, mycket söt) Tror du han lugnade ner sig...?

Och då kom han på att hon hade "kommit hem till främmande folk iklädd den här hemska klänningen"! (Sabina, kompisen, är en jättego, snäll och avslappnad tjej som har dito föräldrar. Hennes äldre syster och mamma tycker jättemycket om både Anna och mig.) Anna försökte förklara att alla hemma hos kompisen hade varit klädda i "badkläder". Nu är Troys röst uppe i 70 decibel och ryter den ena svordomen efter den andra.

Jag går till toaletten och sätter på så mycket ljud jag kan så jag slipper höra. Jag har nämligen inte rätt att "öppna munnen" och har jag möjlighet att slippa höra hans röst, som bara får mig att skaka, så gör jag det. OM jag säger något mot honom kommer han att bli mer våldsam. Han tycker inte om att bli kritiserad för sina uppfostringsmetoder av "barnen".

Efter 10 min av hans höga röst och Annas gråt "får" tydligen Anna gå till sitt rum för jag hör henne gå in i sitt rum. Han ropar på mig; nu är det min tur. Han är i köket. Han kommenderar mig att gå till kylskåpet och så pekar han på en maträtt och skriker: "Hur länge ska den ligga här!!" Jag förklarar med lugn röst att jag har gjort den speciellt för honom för att den är så bra för hans hälsa (han har högt blodtryck och andra dåliga värden) och det var ju ledsamt att jag inte visste att han inte ville ha den. Han säger: "Antingen släng maten eller så tar jag tallriken och slänger den i väggen!"

Han skriker: "Hur kunde du låta Anna gå ut i den hemska klänningen??!!" Jag säger med lugn och fin röst, sanningen, att: "Jag tyckte den var fin". Han exploderar: "Hur kan du säga emot mig!! när du vet min åsikt!!??" Och så dänger han en stor tallrik i diskhon så porslinet stänker över hela köket och golvet!! Jag säger ingenting utan börjar städa upp.

Han är på mig igen och skriker "Hur kan du säga emot mig!!"!!?? Jag, (nerifrån golvet för jag håller på att sopa under köksbordet) säger igen helt lugnt att jag tyckte klänningen var helt ok. Han rusar ut från köket, och jag tänker att det är dags för skäll på Anna igen, men han kommer tillbaka med klänningen, hämtar saxen från lådan och börjar i ilska att klippa och riva sönder klänningen, och skrika: "Jaså du tycker den är fin!!!!!"

Jag vet att han väntar sig att jag ska bli ledsen men jag håller mig bara lugn tills hans klipprörelser börjar bli lite för yviga. Jag backar och tar mig ner mot golvet. Han dänger klänningen i mitt huvud. Jag, i ett försök att lätta magontet lite säger sakta: "Det gjorde ont när du slog mig i huvudet".

"Jaså!!" skriker han, "Vill du att jag ska..." hotar han med en mässingsljusstake i handen, som han hittade på diskbänken, över mitt huvud. Jag skriker till av rädsla, för hans rörelser är så häftiga, och så böjer jag mig ner och håller armarna om mitt huvud. Han skriker: "Ett ljud till från dig, så tar du bilen och kör härifrån!!!!!" Han slår mig inte med ljusstaken, utan sätter ifrån den någonstans och går för att sätta sig att äta framför teven.

Efter att jag har städat upp efter honom i köket går jag och lägger mig. Jag vågar inte säga godnatt till honom.

Jag ligger i min säng och ber och hjärtat bankar så det ekar. Jag hör Troy skrika efter Anna. Sen hör jag Troy som skriker och min älskade dotter som gråter och jag vet att om jag kommer för att försvara henne blir allting värre för Anna!

Anna berättar dagen efter för mig att trots att hon knäföll framför honom och gråtande bad om förlåtelse så slog han telefonluren i huvudet på henne, drog henne i håret, förutom då alla sårande ord han sa...

Han kommer och lägger sig och tänder sänglampan och sitter upp och börjar be att Gud ska hjälpa honom ur sitt lidande som hans fru och dotter utsätter honom för. Han säger högt: "Gud ta ifrån mig de två djävlarna i mitt liv, Rosa och Anna!!!" och slår ut händerna så Gud ska höra hans bön. Han ber i 5 min på detta sätt.

Han hotar mig: "Så länge du är i mitt hem så gör du som jag säger!!!"

Han går in till Anna (som ligger i sängen och låtsas sova) och säger att hon är en djävel som har förstört hans liv.

Han kommer tillbaka och lägger sig och han säger hotfullt att jag ska ta Anna och åka hem till mina jävliga föräldrar (=Smutsen skickas till smutsen). Han säger att mina föräldrar är hemska, han hatar dem, min bror och Anna och mig. Jag kunde lika gärna vara en hora på gatan, säger han.

Jag ligger i sängen med täcket över huvudet och vågar inte säga någonting.

Han tycker synd om sig själv som har "drabbats" av Anna o mig. "Åh, vad synd det är om mig!!! Hjälp mig Gud, att slippa se Anna och Rosa mer. Åh, hjälp MIG!!!!" I 5 minuter upprepar han sin förtvivlelse med hög röst. "Anna och Rosa dödar mig!!"

Han ropar på Anna: "Är du snäll och kommer lite Anna." (Det är en uppmaning ingen fråga...)

När han ser henne säger han: "Du är en djävel som förstör mitt liv och jag vill inte se dig mer!"

"Du vill inte se mig mer" upprepar hon och börjar gå tillbaka till sitt rum. *Troy tar tag i sänglampan som står på hans nattduksbord, river sladden ur väggen och drämmer iväg den mot Anna och häver ur sig ÄNNU värre ord - om det är möjligt.*

Anna börjar skaka och gråta. Hon ligger antagligen på knäna (jag har mina armar om mitt huvud ifall han ska drämma till mig med ett annat föremål, vilket han inte gör) och ber att han ska sluta skrämma henne.

Han säger att han inte vill ha henne mer, att hon har djävulen i sig och hon måste åka till Sverige så han slipper se henne.

Anna säger: "Jag älskar dig även om du inte älskar mig!!!"

Han hoppar upp ur sängen (och klarar sig från att få splitter från glödlampan i foten? som är utspritt på hela golvet) och är framme över henne och ger henne kommandot att hon ska hålla TYST och sluta gråta.

Anna ber med hög röst genom tårarna att han ska sluta för att hon vill inte att det ska hända något med honom, med hans hjärta...

HON lyckas få tyst på gråten - så hon får gå och lägga sig. Han lägger sig i sängen igen och skyller hela den sista timmen på MIG. Det är jag som påverkar henne att bli "ligist" och sätta sig upp mot sin pappa. Jag säger ingenting utan hoppas bara han kan bli utmattad så han somnar. Han säger hatord ända tills han domnar in i sömnen.

Dagen efter ser jag till att inte träffa honom. Jag är på 11-mässan när jag vet att han kommer hem från 10-mässan. På kvällen kommer han hem vi 22-tiden. Jag somnade framför teven. Jag vaknar av att han sätter på arabiska nyheter med hög volym! Han bryr sig självfallet inte om att han väcker mig så abrupt. Jag säger väldigt tyst att jag måste lägga mig för jag sov inte så bra natten före. Jag såg i hans uppförande att HAN HADE TÄNKT FÅ SIG LITE AKTIVITETER I SOVRUMMET!!!!!!

Givetvis kommer han efter mig när jag har lagt mig och håller ett tal i några minuter om hur jag förstör hans liv och han ger mig order att INTE lägga mig i något som har med Anna och honom att göra.

Hur mycket mer ska jag utsätta min älskade dotter för denna misshandel!!!

När han i lördags höll på att växla mellan att misshandla mig och Anna kände jag det så här: När han "bara" skällde på mig kände jag mig stark och jag visste hur jag skulle uppföra mig bara en tid till, MEN NÄR HAN SKRÄMMER Anna så blir hon ju helt förtvivlad!

Fia, ja, jag vet att det här är grymma saker att läsa och jag är ledsen att du ska ta del av det. Förlåt mig, men jag vet att du är en kvinna som kan förstå vad som händer i mitt liv.

Troy GER MIG INGEN RESPEKT, KÄRLEK ELLER TILLGIVENHET men jag förväntas ÄLSKA HONOM FÖRUTSÄTTNINGSLÖST. Efter denna lördag vill jag bara kräkas när jag tänker på mitt liv framåt med honom tills jag lämnar!!!!

Kram

På måndagen efter väckte Troy Rosa med att irriterat ropa hennes namn så hon vaknade. Rosas hjärta började slå snabbt. Så började han säga vad han ville att Rosa skulle köpa under dagen. Än så länge gick allt bra. Sen sa han irriterat:
"Hur länge ska du sova egentligen!"
Det slog Rosa nu att han aldrig hade undrat varför hon verkade så trött och om han kunde hjälpa henne med något.
"Hur kan du vara så trött! Du gör ju ingenting på dagarna." Förolämpningen kom snabbt. Han ropade "Hejdå".
"Gud vare med dig idag."
Ja, det är det ENDA du kan säga!"
Rosa önskade verkligen att Gud SKULLE VARA med honom! Men det var som om han varje gång behövde ha det sista ordet. Ett sista ord som sände över skulden på Rosa.

Rosa kände att hon det senaste året hade haft behov att se grymma polisserier på teve, speciellt de som var psykologiskt inriktade. Där "skurkarna" var psykopater som njöt av att plåga sina offer. Denna dag såg hon ett avsnitt där det visades mycket blod - en fruktansvärd mordhistoria. Det var som om Rosa kunde fly in i något värre än sitt eget liv. Hon levde sig in i offrens upplevelser i berättelserna, men det kändes som om hon behövde det. Hon satt där i soffan och började också tänka på de som gör hemska saker med sig själv, t.ex. flickor som skär handlederna och hon fick en känsla av att hon FÖRSTOD VARFÖR de skär sig. De känner en ANNAN NY smärta och glömmer den ursprungliga för ett tag. Insikten att hon hade förstått en sådan sak gjorde henne skakig. Det betydde att hon var illa ute. Hon var tvungen att dela sina tankar med en mailkompis som hon visste skulle förstå och satte på datorn. Hon måste hålla sig stark för sina barn.

Det fanns en del bekanta som inte förstod Rosa när hon berättade lite av sitt liv för dem. De sa till henne "det är nog inte så farligt" och "du överdriver nog". Det var som ett slag i ansiktet när de förminskade hennes känslor. Som om hon ljög. Rosa tänkte på en kvinna som hade berättat om sin mycket svåra tid för Rosa för några år sen. Kompisens problem skulle ha varit jättelätt för Rosa att klara av, tänkte Rosa när hon första gången fick höra kompisens historia, men efter ett tag insåg Rosa att vi aldrig kan döma varandra för vi har inte levt varandras liv. För kompisen var de problemen ENORMA för hon hade haft andra förutsättningar och det var ju hennes eget liv. Rosa tackade Gud för att kompisen efter ett tag kom att må mycket bättre.
Efter en helg var Rosa helt slutkörd och skrev av sig till Hanna:

Kära kära syster, ibland skriker jag rakt ut i bilen där ingen kan höra mig, av otålighet, att jag inte orkar längre. Jag får ont i halsen men jag kan inte stoppa mig själv. Jag ser detta som min skärseld som jag måste "betala av" för att jag lämnar min man. Ja, hellre en skärseld på jorden där jag har möjlighet att gå till mässan och ta den heliga Eukaristin (och vara med mina barn) än att "ta skärselden" efter döden UTAN Eukaristin och barn. Det är de tankarna som håller mig uppe när jag mår som värst.

Ja, jag vet att jag borde tacka för de hemska orden min man har sagt de sista dagarna, men jag sa i alla fall till Gud: "Du, Gud, vet vad som är bäst för mig." KANSKE all utskällning från min man kommer att få mig att förstå att jag gör det rätta när jag lämnar honom...

Jag gjorde en "känslomålning" (berättade jag det?), hur jag känner mig i mitt äktenskap. Till vänster på bilden sitter jag hopkrupen på golvet, 3 cm storlek, i mitten finns en kraftig svart man med stora muskler, 25 cm, och han har ryggen mot mig. Hans huvud är "utanför bilden" så det syns inte. Framför honom finns en äng med underbara blommor. Så man får känslan av att jag är underdånig honom - som inte ens är vänd mot mig. Jag kan inte se blomsterängen för hans stora kropp är i vägen, jag sitter på kallt köksgolv, han har valt att sätta sig på en pall som en tuffing, han kan inte se de vackra blommorna för hans huvud är "över" dem, han är stark och skrämmande, hans händer är knytnävar - redo för strid, MEN han sitter samtidigt hukad - han är inte glad han heller, hans kropp visar det.

Troy tyckte sig ha fått mer insikter om varför Rosa var som hon var och han väckte henne tidigt och började berätta det för henne:

- *"Du är lat, passiv och utan ambition, Rosa."* Rosa visste att hon fick spara på sina krafter och sa inget. Hon tänkte bara för sig själv: *hur kunde hon vara lat när hon hade gett all sin energi till honom i alla år så han skulle vara nöjd!* Hur kunde hon vara passiv när hon hade gjort allt för att lugna ner honom under åren så barnen skulle leva i lite mindre kaos och någon ambition hade hon inte haft tid med för hon hade lagt all sin tid på att hålla sig vid sina sinnens fulla bruk...

- *"När jag träffade dig hade du mycket kunskap och läste mycket böcker. Men efter några år hade jag fått mer kunskap än dig, så jag började berätta för dig hur DU skulle uppföra dig."* Rosa tänkte att skillnaden var att hon inte tvingade honom till något...

- *"Du är en katastrof i mitt liv."* Rosa förblev förbryllad; vad menade han...

- *"Titta på vilken bakgrund jag kommer ifrån och titta på var du kommer ifrån. Jag är glad att Gud ville att du skulle räddas och leva i mitt land istället. Jag vet att Gud älskar dig för att han ville att du skulle leva i denna omgivningen."* Rosa såg att i detta hade han rätt, men på ett annat sätt än vad Troy trodde. I allt lidande borta från sitt hemland blev hon av med ALL jordisk trygghet och det var då hon såg att Gud väntade på henne med öppna armar och sa till henne att Han älskade henne precis så som hon var, och Han hade skapat henne precis som hon var av en viss anledning...

- *"Du uppskattar inte det jag ger dig!"* Rosa tänkte på vad Troy egentligen gav henne när han bara psykade henne hela dagarna...

- *"Jag tror att terapeuten jobbar med ditt självförtroende så det får dig att vara egoistisk. Du måste jobba på att din egoistiska sida försvinner."* Rosa tänkte på hur mycket hon behövde göra för honom för att inte bli kallad egoistisk...

- *"Det borde ha varit jag som skulle ha bett om separation. Och om jag säger att jag vill ha separation så får du gå ner på knäna och tacka för allt jag har gett dig under tiden jag valde att vara med dig!"* Rosa undrade, vilken fru gick ner på knäna för sin man...

- *"Jag uppför mig inte dåligt mot dig, men gör jag något dåligt är det på grund av dig."* Rosa tänkte att det var hans vanliga skuldbeläggning han höll på med. Denna period var det mycket vanligt att Troy väckte Rosa så här.

Rosa hade haft ännu en jobbig morgon och skrev av sig till Fia:

Imorse väckte han mig före han gick till jobbet. Han väcker mig genom att säga mitt namn på ett tröttsamt sätt, medan han öppnar garderobsdörren för att se vad han ska ha på sig. Om jag inte svarar på första "ropet" ropar han mitt namn ännu mer tröttsamt en gång till. (Ingen smekning över kinden här inte - och än mindre en kärleksfull röst)

När jag väl har sagt ja så börjar han sitt "tal". Han berättar allt negativt som han VET att jag är. T.ex. när jag inte hade gått en omväg för att bjuda med hans kompis fru till mina kompisar idag (vi träffas varje onsdag nu) så är jag bara EGOISTISK och vill inte göra någonting för någon annan. HAN "gör minsann mycket för sin kompis", säger han, och så börjar han räkna upp allt han har gjort för sin kompis.

Nu har han kommit fram till varför jag bad om separation för två år sen. Han sa att anledningen INTE var på grund av hans beteende (att han skulle ha behandlat mig dåligt), nej det var för att HANS förmågor har blivit så mycket mycket mer smartare/duktigare/bättre än mina så jag kunde inte leva längre "i skuggan av honom som en mindre värd människa" och det störde mig så mycket att jag inte klarade av att jämföra mig med honom, utan ville lämna honom.

Fia, Fia, sådana uttalanden gör mig bara mer rädd! Och arg!

Så han höll väl på en kvart med att berätta hur dålig jag är och hur mycket han gör för alla. Vad han gör för mig? Ja, han har ju "tagit mig tillbaka igen" trots att jag förstörde livet på honom för två år sen...

Trots hans ständiga förnedring av mig, psykningar, hot, våld så borde jag väl känna en stor kärleksfull tacksamhet till att han har accepterat att jag får vara hans fru igen...

Fia, är det sjukt eller friskt...
Ja, så lever jag varje dag, tills jag lämnar. Jag räknar dagarna, jag ska gå in på den
sidan där jag har min "nedräkning" nu och se exakt hur många dagar det är kvar.
Tack att du är där och lyssnar!
Be för mig.

På sommaren var Troy och Rosa bjudna till ett bröllop. Dräkten som Rosa tänkte
ha på sig till bröllopet hade köpts in ny från Italien två år tidigare. Den hade kostat
massor av pengar. Troy kallade den nu för "hemsk". Han tyckte att han skulle gå
ensam till bröllopet, "han hade blivit van vid att få gå ensam på tillställningar för
Rosa inte kunde vara respektabel" sa han. Rosa hade inga problem med att hon
"inte fick gå med", tvärtom. Hon såg fram emot en lördagseftermiddag och kväll
utan nedvärderingar.

Rosa hade fortfarande några små bjudningar före hon skulle lämna Troy. Den
unge mannen i ett av grannhusen hade gift sig och Troy ville bjuda in brudparet
och några av deras familjemedlemmar. Troy hade sagt att hon inte behövde ha stor
middag utan att det räckte med en huvudrätt och kaffe, så hon hade bara jobbat i
några timmar på eftermiddagen. När grannarna ringde på dörren så samlade Troy
barnen och Rosa och varnade dem: "När vi har gäster ska ni inte göra som dumma
Rosa; ni ska få dem att känna sig välkomnade! Barnen och Rosa stod som
förstummade. Så öppnade Troy dörren med ett strålande leende och välkomnade
gästerna med många fina ord. Trots att Rosa var chockad försökte hon stapplande
göra detsamma.

Dagen efter väckte Troy Rosa före han gick till jobbet. Hon hade stupat tillbaka
i sängen efter att barnen åkt iväg med skolskjutsen – som hon gjort sedan länge nu.
Han började åter beskriva hur dåligt Rosa tog hand om honom, vilket han gjorde
var och varannan morgon.

"Vad GÖR du för mig?! Vad GÖR du för att ta hand om din kropp, så den blir
vackrare?! Vad gör du för att jag ska bli gladare?! INGENTING!"

Rosa bet sig i läppen för tusende gången för att inte skrika tillbaka: *"VAD*
GÖR DU?! DU PSYKAR MIG VARJE DAG, VARJE TILLFÄLLE DU FÅR!"
Men hon visste att hon bara skulle komma in i en diskussion, som han hade alla
svar på, han skulle få det att snurra i hennes huvud, och hon skulle bara ge all sin
energi och HAN KOMMER ALDRIG ATT GE SIG, utan att få sista ordet. Så
det var bättre att hålla tyst.

"Eftersom du inte vill tillfredsställa mig så är jag väl värd att ta mig en
älskarinna! Det finns flera på kö! Det finns många andra kvinnor som kan ge mig

den känslomässiga avslappningen som jag så väl är värd! Varför ska jag nöja mig med dig?! Jag känner mig som en slav hos dig!

Han var alltså tvungen att UNDERORDNA sig Rosa och "vänta tills hon hade lust..." Rosa frågade väldigt lugnt om han hade pratat med sina killkompisar om detta, om de också kände sig som slavar till sina fruar. Han sa att han inte hade tagit upp det med dem. Rosa tänkte att hon var mycket säker på att hans kompisar skulle bli häpna om de hörde hur han pratade. "Normala män" respekterar sin fru och vet att "sängaktiviteten" kommer man ÖVERENS om. Det finns inte KRAV från någon normal maka/make! Detta var Rosa övertygad om nu.

En väldigt varm dag hade Rosa varit ute på ärenden och kom hem och behövde vila lite i de svala rummen för att återfå styrkan. Troy var hemma och såg att hon vilade 20 minuter i svalka. Han blev vansinnigt aggressiv och svor hemska ord och klagade på att hon ALDRIG kunde ta hand om honom utan bara sig själv. När Rosa hade vilat lite och började med middagen i köket var Anna i köket också och Troy pratade illa om Rosa. Han sa: "Gud älskar dig. Det märks för att du är gift med mig. Jag håller mig trogen dig. En svensk skulle aldrig ha stått ut med dig. Han skulle ha sparkat ut dig för länge sen." Sen lämnade han hemmet utan att säga vart han skulle. Han kom hem senare på kvällen, kommenterade resan som han hade bokat till Rosa och sa "för mig kan du vara borta till jul, påsk eller varför inte hela livet. Jag bryr mig inte!" Och så gick han och la sig utan ett ord. Anna stod tyst och kramade sin mamma.

Två dagar senare hade Troy varit fruktansvärd och Rosa kunde inte vänta tills hon fick ett tillfälle att skriva av sig till Hanna:

Igår kväll när han kom hem ville han ha "möte" igen. Då spenderade han 1 timme med utskällningar på oss om hur vi är egoistiska som bara vill åka ifrån honom. Bror och jag höll blicken i golvet för det mesta. Anna FÖRSÖKTE "bedyra sin oskuld" och visa att hon vill ha bra kontakt med honom.

Många var de förnedrande ord som slängdes åt mitt håll, hur jag hade uppfostrat barnen så de bara tänker på sig själva, att jag inte hade lärt dem att ta hand om sin pappa o.s.v. Och många förnedrande ord till barnen!!

Han gick upp i falsett när han beskrev hur synd det är om honom som "ger ALLT för att hans fru och barn ska vara nöjda" och "VAD MER VILL NI HA????????? skrek han.

(Jo, tänkte jag i min tysta tystnad: vänligt bemötande, respekt för våra åsikter som är andra än hans, kunna leva utan fruktan, att inte få ont i magen, när vi kommer hem, när vi upptäcker att han redan har kommit hem, möjlighet att kunna lita på vad han lovar o.s.v. o.s.v.)

Det värsta är nu att Anna börjar utvecklas i sitt intellekt och ser tydligen en lösning ut ur sin vanmakt som hon levde i tidigare: HON FÖRSTÅR ATT HON GÖR FEL MOT SIN PAPPA!

"Stackars pappa" säger hon, "Han är ju så ledsen, vi får bara ta och se förbi hans uppförande mot oss och försöka se VAD han vill säga".

För många många år sen trodde jag också att jag kunde låta allt gå in och ut genom det andra örat. Sen började jag försöka prata med honom. Ibland "lyckades det" för en tid, sen blev allt som vanligt igen. Och så blev det bara värre och värre för varje år. Hjälp! Anna får inte börja tro att HON ÄR EN DÅLIG DOTTER! Han upprepar allt han säger till barnen många gånger och med mer och mer intensitet så det blir ett riktigt drama... JAG vet ju att det INTE är normalt att uppföra sig så här mot sin familj! När han säger de korrekta orden lyssnar Anna och blir övertygad att hon står i skuld till pappan! Jag kan inte vänta på att få ta Anna till tryggheten!

Personligen längtar jag mest till att VETA att när jag går och lägger mig så ska jag inte bli väckt av honom (mitt i natten eller på morgonen när han vaknar), och få höra hela raddan av saker som jag har förstört för honom och hur dåligt jag har uppfostrat barnen m.m. m.m. Jag menar Troy håller ju på så varje ledig stund han ser mig på dagen - men att dessutom INTE FÅ SOVA och vila upp mig...

Det påminner mig så om en tortyr jag hörde att de använde under andra världskriget. Fången satt fastbunden i en stol och en kittel med varmt vatten droppade droppe för droppe ner på hans huvud. Jag tyckte det var så fruktansvärt så jag har aldrig glömt det. Dels var det tortyr med den fysiska bränningen med vattnet, men psykisk tortyr med att fången också visste att inom några sekunder kommer nästa bränning att komma. Så känns det med min man. Jag VET att när han SER mig varje dag så kommer han att skicka över en skuldbeläggning som jag måste vara otroligt stark om jag ska värja mig emot.

Han har slitit ner mitt psyke. Jag måste hem. Jag måste till tryggheten. Jag orkar inte leva i rädsla längre.

Jag har "umgåtts med likasinnade" på websidan www.tuvaforum.se på det öppna forumet där. Det är skönt att kunna trösta varandra/ge råd. Jag skriver givetvis inte annat än mina känslor - inga utgivande fakta alltså. Där finns allt ifrån kvinnan som just har förstått att det inte är hennes fel när mannen misshandlar henne psykiskt - till kvinnan som har lämnat sedan många år tillbaka, men vars man fortfarande stalkar henne.

En stor grupp där är ju kvinnor som måste "komma överens" med mannen efter separationen för de har gemensamma barn! Ja, jag valde ju att stanna så jag har inte haft det problemet. Förresten, valde och valde, jag tog emot och bar den skulden som min man la på mina axlar i alla år, så jag hade inte styrka att se vad som pågick. Det fanns inte utrymme för mig att tänka på vad jag ville. Troy gav mig inte utrymmet. Min kropp kände att jag inte mådde bra, men mitt huvud hade inte friheten att tänka på om det jag upplevde var bra för

mig eller inte. All fokus var på honom. Det krävs att man blir tillräckligt stark för att
lämna. I hans land har han utnyttjat alla möjligheter han har att trycka ner mig, och då är
det inte lätt att veta vad som är bäst.
Snart, snart...

Rosa fruktade vad Troy skulle göra med henne om hon sa direkt till honom att hon skulle lämna honom – och varför. Hon visste det var en omöjlighet. Hon var för rädd för honom. Han måste få veta det när hon var i tryggheten i Sverige. Hon lämnade ett mycket välformulerat och beskrivande brev i vapenskåpet som hon visste han skulle öppna helgen efter att hon hade åkt till Sverige.

Rosa hade flygbiljetten till Sverige i sin hand. Barnen hade jobb hela sommaren för att tjäna in lite extrapengar. Det var välsignat att Troy just då hade en affärsresa och inte var hemma. Det var dags att berätta för barnen. Samtalet gick inte bra. Bror och Anna ville fortsätta sina studier i sitt hemland. De var inte redo att bryta upp. I flera dagar grät Rosa och Anna. Bror stängde av helt och sa inte ett ord på hela tiden. Rosa var helt förkrossad, men hon visste att om hon stannade skulle hon att vara tvungen att ta mycket starka tabletter och inte kunna vara en mamma åt barnen. Hon var osäker på om Troy skulle få henne inlagd på psyket men hon kunde inte ta den risken. Detta kunde inte vara det liv som hon och hennes barn var bestämda att leva. Ett liv i rädsla. Hon måste kunna erbjuda dem trygghet i alla fall. Fulla av känslor som drog i alla riktningar åkte de till flygplatsen. Hon steg på planet i en dimma av tårar. Hennes barn ville inte följa med henne. Hon såg knappt att alla stirrade undrande på henne. Flygturen gick bra men hon höll på att missa Sverigeflyget i Berlin för hon hade varit så okoncentrerad och gått åt fel håll. Hon satt förstenad under flygturen. Flygvärdinnan frågade vad hon ville ha att dricka men Rosa märkte inte att hon var där. När hon landade i Sverige skulle hon byta till tåg och fick rusa för att hinna. Det var bara en timmes färd till hennes syster. Väl framme steg hon av tåget. Det duggade lätt men hon registrerade det inte. Inte heller den sköna doften av äppleträdgården och gräsmattorna bredvid stationen. Hon stod bara stilla när tåget började rulla iväg. Hon såg upp mot himmelen och bad om Guds förlåtelse och att Han skulle hjälpa henne att gå vidare mot tryggheten.

TRYGGHETEN

Tidigt på lördagen efter Rosa hade kommit till Sverige ringde Troy. Hon förstod att han hade läst brevet. Hon svarade inte. Hon hade förklarat allt i detalj i brevet. Varför hon hade lämnat honom. Så det inte skulle finnas några frågor kvar för Troy. Så hon inte skulle behöva förklara mer. Hon ville aldrig mer höra hans röst. Inte den vredesfyllda rösten. Inte den mjuka rösten som hon hade lärt sig att inte lita på. Troy sms:ade och mailade henne också. När det var något om barnen så svarade hon bara helt kort.

Hennes syster Hanna hade för några månader sen flyttat ner från Norrland och hade ett gästrum så Rosa hade någonstans att bo tills hon ordnade något eget. Rosa grät hejdlöst många gånger i Hannas tröstande famn. Efter att Rosa hade börjat anförtro sig till henne några år tidigare hade de kommit mycket närmare varandra. De hade båda gröna ögon och nästan samma färg på håret, men till sättet var de så olika. Hanna hade alltid varit den som tog för sig medan Rosa först ville se vad de andra ville ha.

Det tog Rosa lång tid tills hon mådde bra efter hon hade lämnat. Hon hade tänkt att "bara jag kommer till Sverige igen, så..." men det var lättare sagt än gjort. Barnen var ju inte hos henne. Separationen från dem var fruktansvärd. Dagar kom och dagar gick, och hon kunde inte komma ihåg vad hon hade gjort - mer än att den tunga sorgen drog sönder hennes kropp.

Rosa var så fäst vid sina barn; de var en del av henne. All modern teknik skulle aldrig kunna ersätta att få kunna röra vid dem varje dag. Hennes föräldrar och syster gjorde vad de kunde för att trösta henne.

Hon drog sig i alla fall till minnes att hon hade bestämt sig för att börja trappa ner på medicinen direkt när hon kom till Sverige.

Hon var tvungen att hitta ett jobb. Hon hade inga pengar och ville inte snylta för länge på Hannas inkomst. Det var bra med jobbsökandet för hon höll huvudet upptaget under dagen och kunde tvinga sig att inte tänka på något. Den bästa tiden var när hon skulle lägga sig. Hon kunde veta att Troy aldrig mer skulle väcka henne och terrorisera henne! Värre var de på nätterna. Hon drömde om honom varje natt – att han tvingade henne till att göra saker. Detta pågick varje natt i ett och ett halvt år – och det skulle ta flera år innan mardrömmarna tog helt slut. Hon fick till slut en avsky för att gå och lägga sig. Hon ville inte gå och möta Troy i drömmarna. Hon sov väldigt lätt och vaknade efter några timmar bara och låg stel i timmar tills hon kanske sov en timme till. Jenny sa med medlidande röst till Rosa:

"Det är nog för att du inte har barnen hos dig". Barnen tyckte det var svårt att be Troy om lov att hälsa på sin mamma, men de kom och hälsade på Rosa så ofta de kunde.

Ganska så snart fick Rosa jobb och hon trivdes bra med arbetsuppgifterna. Hon hade enormt mycket att lära sig och hon var tacksam att hon hade jobbet att gräva ner sig i. Många dagar kände hon tårarna komma och hon tvingade sig själv att sätta sig in i nästa problem så hon inte började gråta vid sitt skrivbord. Hon var väldigt förvånad över hur vänliga och respektfulla hennes kollegor var. Det blev som en chock för henne. De kunde fråga henne om hjälp på ett sätt som var mycket ödmjukt. Plötsligt var Rosa i en position att kunna välja om hon ville säga nej eller ja till dem. När hon sa ja var de så väldigt tacksamma. Allihop. Alltid. Det gav henne energi och fick henne att känna sig hemma. Konstigt med chefen också. Hon tyckte det var så konstigt att han inte skällde ut henne när hon gjorde fel. Varje gång var det som om han inte ens hade märkt hennes fel. Efter ett halvår slog det Rosa att kanske var det så en man, trots att han hade maktposition, skulle uppföra sig... Det var nytt för Rosa! Att få bli behandlad med vänlighet även om hon hade gjort ett fel.

Det första i Rosas väg mot att bli en hel människa var att hon valde kläder som hon gillade. Först var det svårt för hon hörde hela tiden Troys röst om hur hemsk klädsmak hon hade och hur tjock och ful hon var, men ju mer hon la tid på det så kom hon fram till vad som var hennes smak. Hon kunde till slut definiera sin stil! Denna "Troy-rösten" var den första rösten som "försvann".

Samma sak med hennes frisyr. Troy hade hela tiden velat att hon skulle sätta upp håret och hon kände sig alltid så "tjusig" när han bestämde. Nu hittade Rosa en frisyr som var hennes stil och hon använde näringskrämer för att hålla det glänsande. Det var så här hon skulle ha håret; detta var hon!. *Varför hade hon inte fixat håret så här innan?* Men så kom hon ihåg hur hon hade levt; det hade varit en omöjlighet. Nu fanns det dagar då håret inte ville det hon ville – men det var ok det också. Det var inte hela världen. Ingen skämdes för henne. Ingen skrattade åt henne. Tvärtom. Alla fortsatte vara respektfulla och vänliga mot henne. Det var befriande! Och Troys dömande röst försvann mer och mer.

När det gällde de olika kroppsdelarna på henne som var, för evigt trodde hon, stämplade med att vara fula, så kände hon att hon ville ta tillbaka sin kropp och lära sig att tycka om den igen. Troy skulle inte vinna! Bara för att han hade utseendefixering så ville inte hon vara slav under det. Hennes kompis Fia, som var Kognitiv beteendeterapeut, hade olika övningar som hon gjorde. Först kände hon sig dum och pinsam, trots att hon var ensam hemma, men kanske just för att hon fnissade när hon gjorde övningarna så fick hon ett nytt minne. Gång på gång så hade hon skaffat fler minnen som var positiva och Troys hårda ord blev ett minne som försvann mer och mer i fjärran.

Hon gick med i kören i kyrkan som hon hade planerat och där kände hon gemenskap och pratade med andra om sin tro vilket var mycket uppbyggande. Hon hade haft denna gemenskap i Troys land med sina vänner och var nu jättetacksam att hon hittade trosvänner i Sverige. Hon var behövd i kyrkan, och smålog alltid när hon lämnade körövningen på tisdagarna.

Hon träffade sina kompisar och hade många givande samtal inpå nätterna. Hon skulle inte bli utskälld när hon kom hem och hon kunde bjuda hem vem som helst utan att ha Troy där som bestämde vad hon skulle prata om. Vilken frihet! Hon fick såklart kämpa mot de ofrivilliga "Troy-tankarna" som sa att hon inte var en tillräckligt bra värdinna, men ju mer hon såg att vännerna fortsatte att höra av sig och komma hem till henne rätade hon mer på ryggen och en dag kom inga negativa tankar om det längre.

Men så var det vaksamheten som fanns kvar i kroppen. Rosa kunde promenera från jobbet hem till Hanna och så hörde hon en motor på avstånd och började automatiskt lyssna efter om det var Troys bil. Det var ju så hon hade levt. Lyssnat efter bilen – och lyssnat efter hans nycklar i dörren. Alltid redo. Det tog ett år, sen upptäckte hon att hon inte lyssnade efter bilmotorer längre.

Det underbaraste var att gå hem, till Hanna i början, och sen till sin egen lägenhet och kunna tänka på vägen att hon INTE BEHÖVDE VARA RÄDD LÄNGRE ATT GÅ HEM. Det var så stort! När hon kommit hem satt hon alltid en stund i hallen och bara lät glädjen komma över henne då hon sa till sig själv: "Jag kan vara trygg."

Rosa hade inte räknat med att Troy skulle höra av sig så mycket som han gjorde. I början var det tre sms om dagen. Efter ett år kom tre per vecka "bara".

Men mailen var ofantligt långa. Fulla av skuldbeläggande på henne. Inget mail hade dock en fråga om vad Rosa ville. Troy gav Rosa order vad hon skulle göra med barnen, försökte ge Rosa skuldkänslor, sa att han inte vill ha henne, varnade henne för att Gud skulle döma henne, han tyckte synd om sig själv, hotade Rosa och sa att han inte har gjort något fel och berättade för Rosa hur bra han var.

Det som genomsyrade mailen till Rosa var att han la skulden på henne. Hon läste:

"Du begick ett brott när du lämnade dina barn. Det är inte rätt att vi ska lida för att du inte uppoffrar dig längre. Barnen och jag pratade mycket igår och vi kom till resultatet att du är den som fick vår familj att delas. Ta ditt ansvar inför Gud som en god mor! Om du inte slutar

vara en egoist, så finns det inget som hjälper dig. Försöker du att förlåta, även de som sårat dig? Är du kristen, är du verkligen det? Om du inte har Jesus ande i dig, vad ska du då göra i kyrkan? Läs paragraf NN i Bibeln och uppför dig! Hur orkar du inte kämpa vidare – är du så svag? Senare kommer du att ångra dig mycket."

Skuldöverföringen var återkommande i vart och vartenda mail. Rosa hade otroligt svårt att värja sig. Hon visste vem Troy var nu så hon ville aldrig återvända, men vissa saker lät ju så rätt! Det var klart att hon ville vara "en god mor", "en kristen" och inte vara den som "delade familjen". I sitt huvud förstod hon att det var Troy som hade gjort det omöjligt för henne att stanna, men längst inne i henne kunde hon inte skaka bort skulden.

Så Rosa fortsatte på många sätt att leva med Troy trots att hon befann sig i ett annat land. Det var väldigt komplicerat mellan barnen och Troy så hon kände sig tvungen att läsa mailen. Hon svarade honom om det var någon praktisk fråga – inte annars. Troy fortsatte att maila i tre år – och kräva svar på mailen. En dag meddelade han att han skulle sluta skriva, men han fortsatte att kräva av barnen att de skulle vara medlare, så han kunde få fram sina tankar till Rosa. Det var avgörande för Rosa att han slutade skriva – och kräva svar. Från den sommaren gick det flera veckor mellan mardrömmarna. Hon började sova hela natten också - de flesta nätter.

Hon sökte hjälp på Kvinnocentrum så fort hon orkade, där hon gratis fick träffa kuratorer som var mycket kunniga i misshandelstrauman. Rosa hade ju inte ett öre på fickan så hon var evigt tacksam till att det fanns gratis hjälp.

Hon fick också gå på möten en gång per vecka i tre månader då hon träffade likasinnade kvinnor från misshandelsförhållanden. Kuratorerna kompletterade varandra väldigt bra. Det märktes att de respekterade sig själv och andra. Det var Evelina, en medelålders humoristisk kvinna klädd i färggranna kjolar och blusar. Och så var det Lotten, också i medelåldern, lång och rund och hade ett härligt smittande skratt. Kvinnorna som kom för att få hjälp hade levt i olika situationer, men de förstod varandra direkt. En hade hemlig adress och satt och skakade och kunde inte fästa blicken. En var mycket propert klädd, men berättade inte något om sig själv förrän efter flera veckor hade gått. Hon var livrädd för att någon skulle få veta hennes efternamn då hennes man var känd inom politiken. En tjej i tjugoårsåldern skulle snart upp i rätten och vittna mot sin pojkvän på grund av hans misshandel mot henne.

Hon lärde sig hur kontroll av en annan människa sker i olika steg och hon såg klarare på vad hon hade genomlevt. Mötena lärde henne också vad Latent Våld betyder. När man blir misshandlad, så vill man förstå varför man blir misshandlad och man försöker göra allt man kan för att lära sig vad mannen INTE tycker om så man inte blir misshandlad mer. I och med att man hela tiden varnar sig själv och kommer ihåg ALLT som hade gjort honom arg någon gång, så lever man i ständigt våld – trots att han inte gör något nytt. Bara tanken gör att man lever i terrorn. Detta kallas Latent Våld.

Det var så viktigt för Rosa att förstå! Hon hade levt i förvirring i decennier! Nu fick hon stå med egna fötter på jorden och själv välja vart hon ville gå, men hon hade behov av att förstå var hon hade varit. Efter varje kväll när "kursen" var över så tog hon långa promenader för att huvudet var fullt av allt hon hade lärt sig och hon kände att hon måste gå igenom det i huvudet - före hon kom hem.

Efter mötena var slut kom hon då och då för att prata med Lotten om allt som hände med Troy, mailen och barnen. Det var väldigt viktigt att kuratorerna fanns till för henne.

Rosa pratade med en del släktingar i Sverige som hade känt Troy och Rosa under de första åren Troy och hon hade varit tillsammans och fick reda på att de hade frågat Troy varför han försökte ändra på Rosa hela tiden. De frågade honom varför han inte lät henne vara den hon var, varför han verkade stöpa henne till att bli en kvinna som kom från hans land. Släktingarna berättade för Rosa att Troy bara hade skrattat åt dem och visat att han var stolt över hur han kunde påverka Rosa.

Rosa tänkte tillbaka på hur hon hade levt då. Hon kom ihåg att hon ju var kär i honom och bara ville göra honom glad, så hon ändrade sig gärna för honom. Rosa drog sig till minnes att Troy hade attraherats av Rosas frihet när de träffades, men det var inget han verkade uppskatta senare. Tvärtom så ville han ta friheten ifrån Rosa genom att bestämma vem hon skulle vara.

Rosa läste Steve Reiss bok *"Vem är du?"* som handlade om att alla har olika personlighetstyper och hon såg att här fanns en bok som bekräftade vad hon hade känt då och då med Troy, men blivit nedröstad direkt av Troy. Enligt honom fanns ju bara Rätt eller Fel. Svart eller vitt. Rosa läste att hon helt enkelt INTE HADE SAMMA BASBEHOV som Troy. Det fanns inte "bara Svart och Vitt"! Det fanns "av hela regnbågens färger"!!!
Hon läste och såg att Troy mer var personlighetstypen:
-   Makt: som innebar att han ville ha inflytande, visa prestation
-   Heder: där han tyckte om lojalitet till sin familj (sina föräldrar och syskon alltså), principbeteende
-   Social kontakt: innebar att han ville känna tillhörighet, vara med på fester

- Status: känna sig överlägsen och skryta
- Revansch: ta initiativ till angrepp, ilska, vedergällning

Rosa såg att det faktiskt fanns personlighetstyper som passade på in på henne:
- Oberoende: då man behövde frihet och var självständig
- Nyfikenhet: då man visade förundran, var sanningssökande och problemlösare
- Ordning: som visade på säkerhet
- Idealism: som innebar medkänsla, rent spel
- Familj: där kärlek, föräldraskap och heminredning var det viktigaste

Troy hade alltså använt förtryck för att ändra på henne – när hon var en annan personlighetstyp. Med samma värde. Skapad för ett specifikt mål.

Boken bekräftade på ett så härligt sätt att vi alla är olika, tyckte Rosa. Att det var FEL att hon skulle bli en likadan person som Troy. Hon skulle förbli den hon var skapad till att vara. Att utveckla sina delar – inte någon annans delar. För Rosa var boken ett nöje att läsa och när hon var klar la hon ifrån sig den med ett leende på läpparna.

Prästerna i Sverige, som Rosa hade kontakt med före hon lämnade Troy, stod fast vid att Gud inte dömde henne för att hon lämnade sin man som misshandlade henne. De visade henne en paragraf i kyrkans lag som gav henne rätten att skydda sitt eget liv och lämna sin man. Detta var helt annat än det hon hade hört från Troys präster. Men skulden låg djupt inne. Hon var hjärntvättad av Troy att hon kom till helvetet om hon lämnade honom. Hon kämpade med skuldtankarna.

Rosa fick tag i kristna böcker som tog upp hennes situation. De skrev om att det inte är "att lida för Kristi skull" när man blev misshandlad av sin man. Det var bara destruktivt. Rosa förstod att hon inte skulle bli ett "helgon" av att hålla tyst och låta sin man kränka henne så inget fanns kvar av henne. Jesus lärde sina lärjungar att "bära sitt kors"; vilket Troy trodde sa till henne att det betydde att hon skulle stå vid hans sida hela livet – hur svårt det än blev! Rosa lärde sig nu att det betydde att man ska ta svårigheter med jämnmod och inte klaga, inte ge igen. Men skydda sitt liv får man.

Troy hade nått in i hennes innersta och hade förstört känslan av att hon var värd att älskas. Mentalt kunde hon förstå att hon var värd att älskas – alla var ju det! Men längst inne hade hon blivit så nedtrampad så hon kände inte att hon var värd det. Skulden var den envisaste "Troy-rösten".

Av Lotten från Kvinnocentrum lärde hon sig att Ansvar för något kan man bara ha om man har Makt över sitt liv. Rosa hade inte haft makten, alltså kunde hon inte haft ansvar för det som hände, fick Rosa lära sig.

Rosa behövde professionell hjälp med tröstätandet. Hon hade hållit på i minst två decennier att ta till mat som tröst för allt. Även nu när hon lämnat Troy kunde hon inte kontrollera sitt sockerbehov. Hon hade sökt en terapeut som var specialist på matberoende och misshandelstrauma och hittat henne. Rosa berättade det mesta ur sitt liv och terapeuten frågade hur det hade känts. Alla känslorna av maktlöshet, känslan av ovärdighet och hur sårad hon hade varit kom fram. Frågan var VARFÖR hon åt och hur hon skulle läka, men så ofta spenderades tiden till att dra upp händelser där hon hade känt sig så maktlös, som en prostituerad, som en slav. Med sin man hade hon inte rätt till sitt liv. Hon fick inte lov att existera hos honom.

Nu hade hon rätt till sin egen kropp, *men varför åt hon fel och för mycket?* Hon vann några segrar när hon hade haft en bra natt; då åt hon som hon ville leva. Men när hon hade haft en dålig natt så slängde hon sig på sötsakerna. Efter ett år i terapi insåg hon att:

- Det var hennes liv alltså hade hon makt!
- Hon ville att andra skulle älska sig själva - då måste hon kräva samma av sig själv!
- Vad hon stoppade i munnen var det enda hon hade kontroll över i alla år...

Men så en dag fick hon ett genombrott. Hon hade blivit bjuden på en kaka på jobbet och i vanliga fall skulle det starta hennes sockerbehov så hon måste till affären och köpa massor och äta upp. Denna gång var det som om hon, nästan rent fysiskt i hjärnan, kände att orsak/verkan-tråden hade brutits! Hon kände inget behov av att hon måste fortsätta äta massor av just den kaksorten den kvällen! Hon tänkte på det. Det verkade stämma att eftersom hon hade lyckats komma så långt bort från stressen gjorde inte hjärnan de kopplingarna längre.

Hon förstod att när hon levde med sin man fyllde han inte henne med kärlek, trygghet och stabilitet så hon var tvungen att fylla magen av ett substitut till dessa värden - socker - som faktiskt temporärt ökade serotonin-nivån/glädjefaktorn i hjärnan. Hos sin man var hon rädd att hon inte skulle klara dagarna om hon inte fyllde magen med mycket socker och ständigt var mätt.

För att göra en nystart så rensade Rosa kroppen med en fastekur på bara flytande drycker. Hon var redo för något nytt, men det var ändå exakt kontrollerat vad hon skulle dricka. Mentalt sa hon till sig själv att eftersom detta var något som många gjorde av och till så skulle hon inte dö av svält!

Efter tre år i friheten hade Rosa nått stabiliteten i sitt liv och hade ro att lyssna på kroppen när hon kände något – om det var hunger, trötthet eller om någon var otrevlig mot henne. Hon stod upp för sig själv och insåg glatt att hon nu hade styrka till det. Hon levde i tillräcklig trygghet för att kunna fråga sig själv om hon var hungrig eller trött just när hon kände något som hon var van att döva ner med mat. Märkte hon att hon bara var trött så drack hon vatten och slängde in två tuggummin tills det var dags för nästa mål mat. Hon förstod att det inte var farligt att känna dessa känslor i kroppen - hon skulle överleva ändå! Hon behövde inte döva känslorna. De var hennes och hon kunde bestämma helt och fullt över dem! Hon behövde inte längre fylla magen för hon hade fyllt sitt inre med trygghet.

Så kom dagen hos terapeuten när Rosa berättade att alla "Troy-röster" hade försvunnit. De pratade om känslan av att kunna känna att man var värd att älskas, och Rosa föll i gråt när hon insåg att hon nu visste - inte bara rent logiskt att hon var värd att älskas - utan även i sitt inre. Hon kände att hon var värd att må bra och bli behandlad bra. Hon hade nått tillbaka till sitt människovärde.

Hon hade fått sin självkänsla tillbaka.

JAG

Hej, det är jag som har skrivit denna bok. Den handlar om mitt liv. Jag föredrar att vara anonym för att mina barn har kontakt med min man/sin pappa "Troy". Alla namn är dock fiktiva, jag har ändrat på tidsperioder, antal barn, min bakgrund, händelser och allt möjligt för att det inte ska kunna härledas till just mig och mitt liv. Jag vill inte bli känd och tjäna pengar på detta. Om möjligt kan andra läsa min historia och få ut något av den. Kanske någon som har träffat någon som påminner om min man. Kanske någon som är djupt nere i depression och bara försöker överleva från dag till dag, nedtyngd med skulden som ett ok på sina axlar. Kanske någon som skulle vilja lämna sin man och tror att hon inte orkar. Kanske en familjemedlem eller kompis till någon som lever så här – och som undrar varför hon inte lämnar. Jag vill berätta sanningen – vad som hände mig. Jag vill skapa medvetenhet om manipulation, så fler kan känna igen sig och inte skämmas för att de valde att lita på fel person. Det är ju så invecklat, det är inte bara att lämna! I nästa kapitel har jag med en text som beskriver hur det kan gå till.

Jag nämnde avsiktligt inte mycket om mina barn. De har sin resa att göra och jag ville inte vara öppen med vad de kände, tyckte och tänkte om allt. Om de vill berätta så är det upp till dem.

I bokens kapitel har jag skrivit hur jag upplevde allt när det hände. Jag hade ju ingen erfarenhet av någon med kontrollbehov. Jag trodde på min man. Jag visste att jag måste anpassa mig till att bli en "bra kvinna". Jag lärde mig vad som gjorde honom arg. Det fanns inget utrymme för mig. Jag visste det. Det gick inte att lirka med honom för han hade så starka åsikter om allt.

Här följer mina varningstecken. Jag borde ha sett, men såg inte. Kanske kan ni se dessa varningstecken i tid, i era liv, och förstå vad som pågår.

En icke-manipulerande man benämner jag nedan som "normal". Jag kallar också personerna för "man och fru", för det var så i mitt fall.

Kommentarer till "Förälskelse"

1. När din närmaste kompis inte kan umgås med din man – ställ dig frågan varför. En man som pratar illa om din kompis... något är fel
2. Var vaksam på hur han pratar om din familj. Informerar han dig om deras fel hela tiden?
3. Låter han sin kompis behandla dig dåligt?

4. Om han blir arg och gör sönder saker... en gång är ingen gång... två gånger är en vana och han kommer att förstöra saker för dig resten av ditt liv. Det ÄR INTE ditt fel för att han blir arg och gör sönder saker. Alla är vi ansvariga för våra handlingar

5. Han har inte rätt att döma ditt uppförande. Han kan säga sin åsikt, men utan skuldbeläggning

6. När du känner dig obekväm av hans "skämt", säg det till honom! Om han inte tar dig på allvar är det allvarligt.

7. När han håller på och lägger ner mycket energi och tid på att övertyga dig/din familj att ändra åsikt, istället för att ta dig/dem på ditt/sitt ord är han inte intresserad av din/er åsikt. Den normale mannen och du gör ibland som han vill och ibland som du vill. Att kompromissa är en självklarhet i ett sunt förhållande

8. Om du känner att du måste göra mycket för att "bevisa hur bra du är" är det ett stort varningstecken. Om han inte älskar dig som du är, varför är han med dig då?

9. Måste du ändra din personlighet för att "duga" för honom? Du har ett unikt värde i dig själv!

10. Att lyssna på magkänslan... Jag minns när vi fortfarande bodde i Sverige och jag upptäckte att jag hade svårt att se mig själv i ögonen i spegeln – och jag valde att inte ställa mig frågan *Varför?* Mitt inre jag visste att något var väldigt fel – men jag valde att inte se sanningen: Min pojkvän var alldeles för aggressiv för att jag skulle må bra...

11. Påminner din man dig hela tiden om felen du begått... När min man hela tiden tog upp att jag hade haft relationer med flera killar före honom så fick han mig att känna mig så ovärdig så jag var tvungen att acceptera hans beteende. Jag accepterade misshandeln...

Kommentarer till "Vår familj"

1. Kan din man hålla inne sin oro för att stötta dig? Min man kunde inte åsidosätta sin oro då vår son inte gick upp i vikt. Men det viktigaste för honom skulle ha varit att jag som mamma fick leva lugnt så mjölken rann till...

2. Om en man kan vårda ett barn är han inte en sjukligt kontrollerande man. För när man tar han om ett barn måste man kunna sätta sig in i den andra människans behov och ha empati; när det lilla barnet gråter t.ex.

Kommentarer till "Hans familj"

1. Självfallet översätter en normal man väldigt mycket av konversationerna, när han vet att du inte förstår vad som sägs! Eftersom han har empati...
2. Om din man inte delar upp tiden mellan dig och sin barndomsfamilj... Om bara hans barndomsfamilj prioriteras... vad säger det om hans respekt för dig?
3. Straffar han dig med tystnad? Det är förnedrande. Självklart ska han lyssna på dina åsikter så ni kan kompromissa!

Kommentarer till "Hans hem"

1. Får du "ansvar" för de mindre viktigare detaljerna? Att min man "bara lät mig" inreda rummen som "ingen ändå såg" och inte finrummet är förnedrande.
2. En man ska inte skrika på sin fru när gäster har gått för att hon "har gjort bort honom". De är en enhet tillsammans! Han är en del av henne och gästerna tillhör inte deras enhet! En normal man frågar vad hans fru vill göra och samarbetar!
3. En normal man skriker inte på sin fru, speciellt framför barnen, att hon är värdelös...
4. Accepterar du alltid vad han vill göra/vart han vill åka, för annars vägrar han åka iväg/ställer in det i sista stund?
5. I en fin relation ska det finnas ömhet, tillit och man ska stötta varandra. Min man behandlade mig med hårdhet, gjorde mig osäker och jag fick stötta mig själv.
6. Jag har hört från många i min situation att just städning är något som är otroligt viktigt för en sådan här man. De måste kontrollera ALLT, även dammkornen... Fast de tar det ju ett steg längre – inte vill de städa själva – de skriker istället på den som "ska" städa hemmet, d.v.s. du. Fast du kan aldrig städa "tillräckligt" bra...
7. Det är INTE DU som har ansvaret att han ska bli "snällare" eller inte få utbrott! Han är själv ansvarig för ALLT han gör.
8. När han pratar, pratar och pratar – bara om vad HAN vill ha och vad DU ska göra är ren kontrollmani. Det kan ta timme efter timme av skuldbeläggning - på dig. HAN gör ju inget fel. Denna är väldigt svår att upptäcka i början för vad du ser är ju att han är så intresserad och

spenderar så mycket tid med dig. Men VAD SÄGS och VEM "VINNER"?

9. Under årens lopp har jag förstått att en bra måttstock på om mannen kan ge och ta, d.v.s. respektera både dig och barnen är om du ser honom leka med sina släktingars barn – och att barnen skrattar när de är med honom. Mannen som är eftersökt av barn kommer inte att misshandla dig.

10. Om du tar upp med din man att han skriker för mycket på dig är hans rätta uppförande att han ska lyssna på dig och se över sitt beteende. Han ska be dig om förlåtelse och bättra sig! Allt annat är upprepning av hans våld mot dig.

11. En klar varningsflagga är om du inte vill berätta saker om din man för dina föräldrar.

12. Du får ha vilken frisyr eller ta på dig vilka kläder du vill! Han ska inte bestämma hur du uttrycker dig.

13. Om han tar stryptag på dig... Ingen kommentar behövs.

14. Har han mage att kalla dig fula ord så har HAN sjunkit mycket lågt. Låt inte honom sänka dig. Kom ihåg att det är honom själv han egentligen pratar till. Han är inte nöjd med sig själv och han känner sig lite lättad om någon annan mår sämre än vad han gör...

15. Skrämmer han barnen? Lovar han dem att göra något med/för dem och sen inte håller sitt ord om de inte gör saker för honom? Hotar han dig att du inte får säga något när han "uppfostrar barnen"?

16. Har du en otrevlig känsla när middagen närmar sig? Blir du spänd? Och tvärtom, när bara du äter med barnen så kommer inte den känslan? Din man vill ha kontroll vid middagen istället för att låta alla prata och ha det trevligt!

17. Kan han svänga om från att ha sagt hemska saker till dig i bilen och när ni är framme vid festen så sätter han på det bredaste leendet och är älskvärd mot alla – och dig – hela kvällen. Sen väl i bilen "straffar han dig med tystnad"?

18. "Rekommenderar" han dig att inte vara "envis, ovänlig och egoistisk" för då kommer det inte gå bra för dig? Utan säger till dig att du ska vara ödmjuk och förlåtande – för då kommer han att hålla sig lugn?

19. Kritiserar han ditt sätt att prata? När ni kommer hem från fester säger han att han skämdes för dig?

20. Informerar han dig om hur illa andra tycker om dig? Kom ihåg att det är bara påhitt från hans sida. Antagligen är han rädd för att det är honom som de inte tycker om...

21. Upprepar han ständigt, år efter år, dina misstag som du har anförtrott honom – och vänder dem till sin fördel?
22. Kallar han dig nedvärderande ord som "dum" och "ful"? Det är inte "av misstag" som han säger dem. Kom ihåg för din egen skull att det egentligen är honom själv som han avskyr... Och DU kan inte få honom att må bättre. Han behöver professionell hjälp – om han accepterar det...
23. Börjar du märka att du har ont i någon del av kroppen som du inte hade "förr"? Den psykiska misshandeln sätter sig alltid någonstans. Många får ont i axlarna eller ryggen. Jag fick magproblem. Ta det på allvar. Psykisk misshandel blir på detta sätt fysisk misshandel.
24. Duger inte maten du har stått i köket och lagt flera timmar på att tillaga? En man kan aldrig ta sig rättigheten att SLÄNGA den i soporna. En normal man pratar MED sin fru om det.
25. Drar han in barnen i era problem? Föser han barnen mot dig när du gråter? Det är manipulation. En normal man blandar ALDRIG in barnen!
26. Tar du på dig skulden för bråket och ber om förlåtelse, utan att du egentligen märkte hur det gick till? Min man var väldigt duktig att vinkla situationen så han stod HELT UTAN SKULD varje gång. Det var otroligt svårt att leva under det trycket.

Kommentarer till "Slutet"

1. Dina åsikter är LIKA viktiga som hans. Du är värd att bli respekterad för alla dina åsikter och att han lyssnar på alla dina åsikter. Var öppen om VEM du är från början. På detta sätt märks det väldigt tidigt om ni passar ihop.
2. Se upp för om han visar sin ilska på ett annat sätt. Om du har bett om att han inte ska skrika på dig – och han säger att han "förstår" – och sen så ser du att han biter ihop käkarna av ilska nästa gång "du gör fel" – men han skriker inte. Det är samma sak! Det är fortfarande bara hans åsikt som räknas.
3. Om du "går omkring på äggskal" så är det inget fel på dig. HAN har skapat den situationen – att du är rädd. Du reagerar fullkomligt normalt. Din kropp anar fara och färde och koncentrerar sig/håller sig uppmärksam.

4. Säger han till dig att Gud minsann står på hans sida? Det var väldigt förödande när min troende man beskrev för mig vad Gud tyckte om mig. INGEN kan döma någon annan på det sättet.
5. Hotar han dig med att han ska skada dig? Det klassas som fysisk misshandel!
6. Säger han till dig hur du ska uppföra dig "för att han ska kunna älska dig"?
7. Fruktar du att du ska få influensa/feber– för att du vet att han blir värre mot dig när du måste vila dig?
8. Blir du helt enkelt lite lugnare om han inte är hemma på kvällen?
9. Ändras hans humör snabbt från att säga att han "älskar dig" till att han förnedrar dig?
10. Kan han prata i timmar om hur bra han är?
11. Känner du dig som en dörrmatta?
12. Ger han dig order hur du ska prata?
13. Berättar han för dig hur synd det är om honom?
14. Ringer han dig alldeles för mycket varje dag för att kolla var du är?
15. Bestämmer han att det är han som sköter barnens uppfostran?
16. Är han stolt över att han kan säga "vad som helst" till dig?
17. Avbryter han dig när du pratar om något – som om han inte lyssnade på dig?
18. Beskyller han dig för att han är ensam?
19. Beskyller han dig för att han dricker för mycket?
20. Säger han att du har tur som har honom för ingen annan skulle vilja vara med dig?
21. Förväntar han sig att du ska introducera dina vänner till honom och när du inte gör det skuldbelägger han dig?
22. Tar du medicin för att du är deprimerad, men du har en magkänsla att bara du slutar ha kontakt med honom så kommer du att bli bra?
23. Lägger han orimliga krav på barnen? Ser du att de är rädda?
24. Blir det ett problem om du går och lägger dig utan att han sagt ok?
25. Skuldbelägger han dig när HAN har uppfört sig fel mot andra?
26. Hotar han dig med att om du inte "uppför dig" så finns det andra kvinnor han kan gå till?
27. Blir han aggressiv mot dig när han anar att du har berättat något ofördelaktigt om honom för någon annan?
28. Kan du aldrig ta på dig "rätt kläder", ha "rätt frisyr" eller säga "rätt saker" – i hans ögon?

29. Säger han att det är bättre att du lämnar hemmet så han tar hand om barnen?
30. Din man ska inte berätta för dig hur dålig du är hela tiden...
31. Din man ska inte informera dig om varför han INTE behöver ta första steget till försoning, t.ex. för att "han är sån".
32. Ett ja i sängen är ett ja, och ett nej är ett nej. Han får inte straffa dig om du säger nej.

Jag vill säga är att jag aldrig förväntade mig någonting speciellt från min man. Jag var van vid svårigheter. Jag var van vid att jobba hårt. Jag förväntade mig inte "det lilla extra i vardagen". Jag förväntade mig aldrig blommor, komplimanger, kaffe på sängen, att vi delade hushållet och glada överraskningar där han skulle ha ansträngt sig för att ge mig något han visste att jag älskade. Jag skulle ha nöjt mig med att ha levt utan "det lilla extra".

Jag läste mycket i flera år om narcissism, psykopati, asperger, härskar-/manipulationstekniker etc för att försöka förstå det som jag var utsatt för i alla år. Inte för att jag behövde få in honom i ett fack – utan för att jag behövde kunskap för att klara av livet med honom.

De flesta av nedanstående böcker hittar du på biblioteket:
- "Psykopatens grepp- Vägen ut ur farliga relationer", Aud Dalsegg & Inger Wesche
- "Psykopatens värld" -Robert D. Hare
- "Varför går hon?" - Carin Holmberg & Viveka Enander
- "Härskarteknik", Elaine Bergqvist
- "Men jag då?" - Sandy Hotchkiss
- "Varför hatar män kvinnor som älskar dem?" - Eva Rusz
- "Narcissism - jag, mig och mitt", Bo Sigrell och Lena Teurnell
- "Är du gift med en psykopat?" - Eva Rusz
- "Energitjuvar, I familjen, relationen och på jobbet" - Ingalill Roos

Websidor:
- En bra websida om psykisk misshandel: http://abusesanctuary.blogspot.se/
- Och en websida för våra barn: http://vuxnabarn.nu/

Jag rekommenderar dig att du läser massor som du hittar om medberoende (eng. Codependence). Vi är många här ute i världen som har mer empati för våra medmänniskor än vad som är bra för oss själva. Vi vill hjälpa de stackarna. De mår ju så dåligt. Vi är beredda att vränga oss själva ut och in så de ska må bra... och de drar nytta av det...

Några saker jag har insett...

Jag var väldigt blyg och osäker på mig själv under min uppväxttid. I normala fall, när man är klar med studierna och blir äldre och äldre, lär man känna sig själv och accepterar sig själv som man är. Man får nya mogna vänner och kan själv välja vad man vill göra med sitt liv. Jag som hade blivit uppfostrad att lita på andra föll totalt för hans charm. Och han utnyttjade det. Den normala utvecklingen med att bli mer och mer säker på sig själv - fick jag aldrig erfara. Min man kom in i mitt liv istället. Jag fortsatte att vara osäker på mig själv i andras sällskap – min man berättade ju alltid om hur fel jag uppförde mig. Det tog lång tid tills jag fick självförtroendet att vara säker på att mina kompisar ville träffa mig för den som jag var.

När jag träffade Troy kunde jag aldrig tänka mig att han skulle bli våldsam – han var ju så gullig och charmig! Inte hade han breda axlar eller muskler heller... Nu så här i efterhand kan jag se att jag blev hjärntvättad av min man ända från början. HAN stod för det rätta livet och han packade in det så bra att jag gick på det. År för år kom jag bort från mitt kulturarv, mina vänner, mina föräldrar, syster och Sverige. Allt var så fantastiskt så när han gjorde "de konstiga sakerna/missförstånden" (som jag nu ser var starka varningssignaler och jag borde ha sprungit all världens väg) så sopade jag mina ledsamheter under mattan. Jag kunde ju heller inte erkänna för alla (och mig själv) att jag hade gjort fel i mitt val av man.

När jag tänker tillbaka på hur det blev att vi skulle gifta oss... Han gick aldrig ner på ett knä eller gjorde något romantiskt. Han frågade inte ens om vi skulle gifta oss. Jag frågade också en annan kvinna som blev misshandlad; han hade inte heller frågat henne, det hade också bara varit något "de visste". Vad jag vill säga är att det finns ett stort mått av ödmjukhet och sårbarhet i att befinna sig nere på knä. Min man kunde nog inte utsätta sig för att (kanske) bli avvisad.

Jag har läst och förstått att en narcissist utgår från sig själv. Kanske kan det vara så att anledningen till att min man inte översatte för mig när vi var tillsammans med andra från hans land var att det föll honom inte in att jag inte förstod... HAN förstod ju.

Första gången jag fick besöka Sverige – efter att vi hade flyttat till min mans hemland – hade mina föräldrar fest och där var bl.a. en läkare, Bengt, som hade forskat i utmattningssyndrom. För två år sen träffade jag honom och han sa till mig att han hade sett att jag hade en "psykos" den första sommaren. Han förklarade att det är när man inte kan klara av sitt liv som det ser ut och att man drar sig in i sig själv. Han berättade att han hade försökt att hålla en konversation med mig den sommaren men det var som om jag var en annan människa än den han hade träffat innan jag flyttade utomlands. Jag "var i en annan värld", sa han. Jag själv kommer ihåg festen, men jag har i övrigt inga speciella minnen från den sommaren. Jag kommer dock ihåg känslan av panik när jag måste åka tillbaka och hur den blev värre och värre för varje år. Den andra känslan jag kommer ihåg var att jag – som hade tagit detta steg att gifta mig med en utlänning och flytta till hans land – inte kunde jag visa upp annat än en sida av framgång, att jag mådde bra. Jag lärde mig att trycka ner mina egna känslor. Jag lärde mig att överleva, var det väl egentligen. Jag var så manipulerad; jag visste att det var min mans vilja som jag skulle följa. Att göra något så vågat som att gömma barnen i Sverige föll mig aldrig in. Jag visste att jag måste fortsätta mitt äktenskap i vått och torrt.

Min psykiatriker i Sverige uppmärksammade en förmåga jag har: att se att jag inte kan göra något åt min situation – och trycka ner känslan och ersätta den med arbete/göra andra saker i stället. Den förmågan är bra att ha i krissituationer när man ska tänka kallt för att inte gå under utan kunna hjälpa andra, men i ens "vanliga" liv bör man leva i sanning!

I ALLA ÅR fick min man mig att känna mig dålig genom att säga att jag är så "osocial" och jag vet inte hur jag ska välkomna folk så att de känner att de vill komma tillbaka igen. Efter att jag har läst mycket om personer som uppförde sig som min man så kan det vara så att HAN aldrig har varit social utan egocentrisk. Kanske jag var social i alla år i alla fall! Det är oerhört viktigt att förstå vad man varit med om – för att kunna lämna det och gå vidare. Att läka.

Först när jag såg filmen "Den man älskar" (2007) kunde jag inte fatta varför tjejen gick tillbaka till pojkvännen som hade misshandlat henne så hon kom på sjukhus. Det var ju så uppenbart att han inte gick att lita på; han hade ju mosat sönder hennes ansikte! När han hade fått samtalsterapi för att lära sig bli av med aggressionen trodde hon att han hade ändrat sig. Hon tyckte sig se det på hans beteende. Varför gav hon honom en chans till? Jag började jämföra hennes tid med sin misshandlare med min och förstod att HON FORTFARANDE kände MER POSITIVT ÄN NEGATIVT med honom - det var därför hon gick tillbaka till honom. Men fortsätter misshandeln bryts kvinnan till slut ner och kärleken avtar bit för bit...

Jag kommer aldrig att lockas tillbaka till min man för jag stannade med honom tills måttet av positivt helt hade försvunnit och allt bara var negativt.

Mycket som min man gjorde mot mig har fått mig att efteråt bli väldigt arg – när jag insåg hans handlande. Han utnyttjade min empati – att jag var en vänlig själ och ville hjälpa. Han tyckte det var så synd om honom – då kom jag till hans undsättning. Han ropade mitt namn – då kom jag springande. Även om jag visste att jag skulle bli utskälld. Jag har senare tänkt på att det egentligen var som när han ropade på sitt husdjur... på samma sätt ropade han på mig. Som om han ägde mig. Det var skamligt!

Vad gjorde jag med min ilska? Jo, jag pratade med många goda människor om vad jag hade varit med om, professionella och underbara vänner, och sen förlät jag. Jag förlät honom och jag förlät mig själv. Det tog dock längre tid att förlåta mig själv...

Om man håller kvar ilskan förlorar man själv. Då blir man lika ond som gärningsmannen. Då vinner han.

Om vi bodde kvar i Sverige...

Givetvis har tankarna kommit under dessa år i Sverige – VAD skulle ha hänt om vi bodde kvar i Sverige? Skulle han då ha lyckats trycka ner mig? Skulle jag då ha haft mer influens från samhället och förstått att jag hade haft lagarna om misshandelsbrott på min sida? Skulle barnen varit mer trygga, eller skulle min man ha haft delad vårdnad och påverkat barnen i alla fall? Skulle jag ha varit mer trygg? Skulle jag ha funnit Gud och fått så stark Gudstro då? Dessa frågor kommer jag aldrig få ett svar på. Men det är det som det innebär för mig att vara kristen, att försöka göra det goda varje dag i varje situation jag befinner mig i. Hur sen andra runt omkring mig uppför sig, det är upp till dem. Jag kan inte ändra andra som inte vill ändra på sig.

Min man står fortfarande kvar vid "sina principer" och sin uppfattning om att Gud kommer att straffa mig. Tyvärr är det han som förlorar på att bete sig som han gör.

Det är bra att jag berättar min historia så andra kan få hjälp. För det är det vi är här för – att hjälpa varandra.

Sist men viktigast av allt i livet - jag tackar mina barn att de finns. Jag är så stolt över hur de hanterar sina liv. Jag tackar dem för att de fanns där så jag såg meningen med livet. Jag älskar dem till evigheten!

Många styrkekramar
Rosa Klippberg

Email: rosa.klippberg@gmail.com
Blogg: underenmansvingar.blogspot.com
Facebook: Underenmansvingar Rosa Klippberg

ANDRAS VISDOM OCH KUNSKAP

Här följer några speciella texter och tips på bok som hjälpte mig förstå vad jag gick igenom.

Normaliseringsprocessen – även kallad nedbrytningsprocess
Från websidan "www.tuvaforum.se"

De människor som styr sin partner i nära relationer med hjälp av makt- och kontrollmissbruk använder sina egna referensramar för vad som är kärlek och de reglerar dem helt efter hur de för tillfället passar dem. De ser det som sin uppgift att lära och uppfostra. De tar på sig lärarrollen i hur man har en relation är för att de vill att relationen ska vara helt på deras villkor.

Normaliseringsprocessens olika stadier
I början av relationen känner den här typen av män ofta en stark spänning då han möter en attraktiv och vacker kvinna. Han idealiserar henne och lyfter henne till skyarna. Han är snabb med att försöka binda henne till sig. Han vill ha/äga henne och han ger henne hundra procents uppvaktning och bekräftelse på att hon är kvinnan i hans liv.

Alla de fantastiska egenskaper som han fann attraktiva vänds till negativa när den första förälskelsefasen ska gå vidare till nästa fas *"Polariseringsstadiet"* - det är här kvinnan får ett brutalt uppvaknande när mannen inte klarar av växlingen mellan den idealiserade speglingen till den verkliga bilden. Hans omogna personlighet är nu tydlig, han blir som ett rasande barn när kvinnan inte tillgodoser alla hans förväntningar och att hon inte är själva sinnebilden av den perfekta kvinnan han trodde hon var. Han vänder blixtsnabbt och kommer visa upp ett beteende som gör det omöjligt att gå vidare till en fördjupning av relationen.

I det här läget lämnar mannen ofta kvinnan genom ett hastigt uppbrott eller så försvinner han bara utan ett ord. Den som lämnas på ett sådant sätt står självklart oftast som handfallen från skyarna och förstår ingenting.

"Vad hände?
Vad gjorde jag för fel?
Älskade han inte mig?"

Det finns ett villkor för att mannen ska vilja fortsätta relationen med kvinnan trots att de närmar sig stadiet där förälskelsen fördjupas till kärlek - och det är att han måste känna upphetsningen av att det fortfarande finns något kvar hos henne att erövra och ta kontroll över. Är kvinnan dessutom stark på så sätt att hon kämpar emot, säger ifrån och förklarar samtidigt som hon varvar detta med att visa att hon är anpassningsbar och vill gå honom till mötes, så kommer det att stärka hans åtrå ännu mer. Kvinnan tror att mannen kommer att bli "som vanligt" igen om hon anpassar sig efter hans krav och är lyhörd. Genom att kvinnan mer och mer kommer att underordna sig mannen så kommer de erotiska upplevelserna, som är knutna till ökad kontroll och dominans, gradvis bli mer intensiva. De här känslorna kring erotisk upphetsning kommer att bli viktigare och viktigare. Kvinnan kommer med all sannolikhet känna allt eftersom att det endast finns ett sätt att förenas, att det bara finns ett "säkert" sätt att få innerlighet och visad omtanke - och det är via sex.

Om kvinnan i detta läge är för passiv hade mannen tappat intresset för henne eftersom han hade sett henne som besegrad - han hade känt sig färdig med henne. Om kvinnan fortfarande känns intressant för mannen så finns alltså fortfarande något som han vill kontrollera och erövra. Om kvinnan inte gett upp vid detta läge utan tror att hon kan få mannen att bli som han var i början igen - då hakar de fast i varandra och deras relation leder rakt in i normaliseringsprocessen.

Alla kvinnans gränser förskjuts och upplöses
Varje motstånd i form av att kvinnan inte tycker, tänker, känner och handlar som mannen vill angriper han henne med olika medel. Han är överlägsen, kylig, nonchalant och talar nedsättande till henne. Han förlöjligar henne och talar om vilket våp hon är, hur lite hon förstår, att hon inte vet någonting. Det tar ofta inte lång tid innan han känner att han måste markera och uppfostra/lära henne saker och ting. Detta gör han genom att vråla, skrika, domdera, hota, skrämma, hålla fast henne, hålla hårt i henne, trycka ner henne och i många fall även slå henne.

Allt som mannen och kvinnan pratade om i början av förälskelsen, de gemensamma referensramar de hade för värderingar, moral, förhållande, drömmar och mål är nu helt raserade. Mannen menar att det är kvinnans fel eftersom hon enligt honom har förändrats till det sämre. Hon säger fel, gör fel, handlar fel och är fel. Han blåser upp sig och fokus hamnar på kvinnans brister, hur dåligt hon får honom att må, att hon förstör förhållandet eftersom det är hennes fel att han blir sur, arg, skriker och svär. Det är också hennes fel om han måste sparka och slå i saker och ting för att han gör henne så frustrerad, liksom att det är hennes fel om han måste gå till sådana ytterligheter att han måste hålla fast henne, trycka ner henne, ta hårt i henne och slå henne. Kvinnan tillåts inte att reagera på hur han beter sig för då kommer han att trycka till henne igen med de metoder han kan och tycker passar för tillfället.

Mannen försöker intala kvinnan att han aldrig har behandlat någon annan kvinna illa. Han menar att det är just denna kvinna som framkallar detta beteende hos honom. Kvinnan vet inte vad hon ska tro för han var ju så otroligt fin mot henne i början *"Är det verkligen så att hon har förändrats så till det sämre att hon kan få honom att bete sig så här, att det egentligen är så att hon förtjänar att behandlas så här eftersom det egentligen är hon som gör honom illa, att han bara vill lära henne hur hon ska göra rätt så att han kan må bra och bli fin igen?"*

Kvinnans självkänsla urholkas, hon känner sig förvirrad, rädd, förtvivlad och ledsen. Hon undrar hur hon kunde förstöra något som var så fint och som började så bra. Kvinnan anstränger sig ännu mer för att vara mannen till lags så att han ska bli som "vanligt" igen. Ibland blir han som "vanligt" och då tror kvinnan att hon har lyckats, att nu ska allt bli bra igen, att allt som hänt varit ett förvirrat misstag för att de inte förstod varandra. Men det växlar snabbt tillbaka igen.

Mannen förringar sitt psykiska och/eller fysiska våld. Han vill inte blicka inåt och se sina egna brister och ta konsekvenserna av dem. Han höjer rösten och markerar att hon inte ska tjata om det som har hänt, att det är så typiskt henne att älta, att alltid se bakåt istället för framåt. Han blir arg för han ser det som att hon är ute efter att ge honom dåligt samvete och är det något han vill undvika så är det sin egen skuld. Skamlöst för han istället över samtalet på kvinnans brister, fel och svagheter. Han kan börja ta upp saker kvinnan gjort fel från första början i deras relation som han är missnöjd med utan att bry sig om att han själv går bakåt i tiden och ältar detta med henne. Nämner kvinnan något om detta så vill han inte se sitt eget agerande utan går på henne ännu mer. Han kan säga att det är typiskt henne att inte kunna ta kritik, att de inte kan tala om hennes fel och brister utan att hon ska försöka byta ämne. Står kvinnan på sig och vill gå därifrån då mannen blir mer och mer aggressiv kommer han att beskylla henne för att vara feg och att alltid vilja fly. Kvinnan kommer känna hur hennes gränser krymper, att allting dras åt och att hon får svårare och svårare att andas.

Nu måste mannen lära kvinnan hur man kommunicerar och kommer med stor sannolikhet att köra över henne med hårda ord och räcker inte det, måste han kanske ta till fula ord, och räcker inte det så måste han kanske ta till något han vet sårar henne extra mycket och räcker inte det så kanske han måste få henne att inte bara känna sig psykiskt underlägsen honom utan också fysiskt. När hon ligger ner så tycker han kanske inte att det räcker utan han måste kanske även håna henne. Till sist säger han det hon fruktar mest, att han inte vill vara tillsammans med henne eftersom hon inte vet hur man beter sig i en relation.

Kvinnan aktar sig mer och mer för att konfrontera honom - mannen har nått sitt mål, att markera för kvinnan han älskar var gränsen går.

Växling mellan "kärlek" och våld

Mannen fortsätter att växla mellan elakhet och värme, bekräftelse och nedvärdering, mellan kärleksfulla handlingar och handlingar som gör ont. Kvinnans självkänsla brister, gränser suddas ut och hon övertar mannens syn på henne som den sanna bilden. När han säger att hon är dålig, då känner hon sig dålig. När han säger att hon är underbar, då känner hon sig underbar. När han säger att hon är värdelös, då känner hon sig värdelös.

"Det är allmänt känt att effekten av tortyr förstärks när smärta växlas med omsorg. Den som torterar blir roten till smärta och rädsla men han är också den som väcker offrets tillgivenhet när smärtan uteblir och hon erbjuds vila, tröst, förståelse, mat och dricka. I offret väcks hoppet att han som torterar inte kommer att göra henne illa igen - inte kan han väl det efter att ha varit henne nära, tröstat henne och tagit hand om henne, givit henne mat och sett henne i ögonen. När växlingen till våld sker upplevs offret smärtan extra intensiv och plågsam - och för den som utövar tortyr märker hur effektivt han kan kontrollera sitt offer. Samtidigt som den som torterar känner makt över sitt offer känner han också förakt för hur hon tar emot de smulor av "mänsklighet" han erbjuder henne med tron om att han ska förändras. Han förstår inte hur hon kan vara så naiv och dum. Offret överlever på detta sätt för utan hopp går hon under".

En man som precis gjort kvinnan han är tillsamman med illa kan "glömma" detta och ta hand om henne när hon är totalt nedbruten efter hans verbala och/eller fysiska misshandel. Hans kan hålla om henne, hämta en filt så hon ska känna sig varm och även ge henne sin sista insomningstablett så hon kan lugna kroppen som skakar. Kanske kan hon få somna en stund. Att det är han som gjort henne illa är ett faktum som försvinner när han växlar och nu istället agerar hennes räddare och prins.

Isolering - "Du har bara mig"

En kvinna som har fallit för en man som använder sig av makt- och kontrollbeteende utarmar hennes tro på sig själv och att klara sig utan honom. Har kvinnan ett socialt välfungerande nätverk kommer han att använda sina metoder och medel för att nå dit att hon bara har honom. Just detta att hon till sist tror att hon bara har honom att lita på kommer han att utnyttja på ett effektivt sätt. Han kommer utsätta henne för rädslan att bli alldeles ensam, att även förlora honom.

Ytterligare begränsningar - mobiltelefon och Internet

Mannen kommer även att sätta upp regler kring hur kvinnan får använda sin mobiltelefon, dator och kommunikationsplatser som t ex FB och andra forum.

Hur han själv använder dessa medel bestämmer han själv. Mannen lyfter fram sin egen användning av ovanstående medel som sund och normal medans kvinnan användning är osund och onormal, på gränsen till sjuk. Han kommer att visa sitt ogillande på många sätt och kvinnan tvingas begränsa sina kontakter för att i många fall helt utesluta dem.

Exempel:
- Mannen kan ringa hur mycket som helst, bestämma möten med vänner över huvudet på kvinnan och plötsligt lämna henne för att han fick andra planer. Medan kvinnan som har en sjuk väninna måste fråga om det är ok att hon kollar sina sms lite då och då för att ändå möta ogillande och ord om hennes sjukliga sms-beroende.
- Mannen kan ha hundratals vänner på FB men kan ändå få kvinnan att stänga ner sin FB då hon är så dum och naiv som inte förstår att hennes vänförfrågningar från män hon känner/känt är dolda sexförfrågningar.
- Mannen har kontakt (bakom ryggen på sin flickvän) med kvinnor och kan med lätt hand sms:a en f.d. flickvän om att de måste prata snart och avslutar med champangeskålar och pussar. Under tiden är mannen samtidigt väldigt noga med att poängtera att kvinnan inte på något sätt får ha kontakt med f.d. pojkvänner eller någon man alls. Vid minsta misstanke, som att en man har tilltalat henne, så exploderar han och utsätter kvinnan för anklagelser, elaka ord och utbrott.
- Mannen anser sig ha fri tillgång till kvinnans aktiviteter på Internet medan han är ytterst noga med att utesluta henne från sina egna och ha hemliga lösenord.

Utesluta kvinnan från gemenskap

Mannen kommer successivt, men oftast i ganska snabb takt, att utesluta kvinnan från saker som han tidigare sa var en självklarhet att de skulle göra tillsammans. Saker han tidigare krävde av kvinnan att de skulle göra tillsammans kommer han nu göra ensam utan att ha med henne i beräkningarna. Han kommer att prata i "Jag-form" istället för som tidigare i "Vi-form". Mannen kommer leva helt efter sitt eget schema som han kommer att undanhålla henne medan han kräver fullkomlig koll på vad hon gör, vilka hon träffar och varför.

Exempel:
- Mannen kan åka iväg på semestrar och fira högtider för att på fullt allvar se kvinnan han är tillsammans med i ögonen och säga/skrika saker som han tycker är rätt och riktiga, som förklarar varför hon inte längre får vara med.

- Han involverar andra människor i planer och avgörande beslut men stänger ute kvinnan. Men han tar det för självklart att han ska ha kontroll över allt i kvinnans liv och att hon inte pratar med någon annan än med honom.
- Mannen kan plötsligt uppvakta kvinnan intensivt. Han är mjuk mot henne, stryker händerna över henne och bekräftar att hon är den mest fantastiska kvinna han någonsin har träffat, att han vet att hon är kvinnan i hans liv. Han vill gifta sig med henne. Antagligen är kvinnan vid detta stadie så svältfödd att hon inte kan annat än ta till sig alla fina ord, mjuka händer och bekräftelsen han ger henne. Tyvärr kommer han att växla igen. De kan ha innerlig sex för att han sedan reser sig upp och berättar att han ska åka iväg och umgås med vänner som umgås i par men där hon inte får vara med. Han kan lämna henne gråtandes i sängen och skicka sms om hur roligt han har några timmar senare.
- Istället för att göra slut med kvinnan han är tillsammans med så säger mannen med ord att hon är kvinnan i hans liv för att visa något helt annat i handling. Under tiden har han kontakt med annan kvinna, flirtar och/eller inleder en relation med henne. Han ger inte kvinnan han är tillsammans med valmöjligheten att få välja om hon faktiskt vill vara med en man som är otrogen eftersom allt detta sker bakom hennes rygg. Under tiden blåser han upp sig själv som en man som aldrig ens skulle se åt en annan kvinna. Han läxar upp och föreläser för kvinnan om hur man beter sig i en relation. Helt skamlöst anklagar han kvinnan för att vara opålitlig, att hon flirtar och har sex med allt och alla om hon så skulle ligga hemma och vara sjuk och knappt kunna ta sig ut på egen hand. Efter att ha tryckt ner kvinnan med hur skamligt beteende hon har så vänder han sig till den andra kvinnan med sin uppvaktning.

Når det inte finns mer för mannen att "vinna"/förstöra
När kvinnan är helt nerbruten finns det inget mer för mannen att erövra och då försvinner hans känsla av upphetsning. Då blir det tomt. Mannen lämnar då kvinnan på ett sätt som går helt i stil med hur han har behandlat henne under relationen.

Mannen kan fortsätta att kontrollera, utnyttja och såra kvinnan efter det att han har lämnat henne. Han har inga som helst hämningar till att ha sex med kvinnan som är helt under isen för att vägra henne ett enda ömt ord efteråt. Han ger inte kvinnan några som helst garantier och tål inga som helst krav, önskningar eller drömmar från kvinnan. Ett ord om äkta intimitet från kvinnan så lämnar henne utan ett ord och hon vet inte när eller om han kommer tillbaka.

Mannen har inga problem att lämna kvinnan när han ser att hon är som mest utsatt och skadad och knappt orkar stå upp. När hon har lyckats resa sig upp och fått lite luft under vingarna kommer han tillbaka utan skam för att utsätta henne för samma sak igen.

Många kvinnor beskriver känslan efter en sådan här misshandel att det är som om att deras person har utsatts för ett slags inbrott. Att de har överlevt som en fysisk varelse men att är symboliskt dödad som den person de var.

"Det känns som att han tog allting inuti mig som var fint och fungerande. Men han var inte rädd om det utan slet ut det och spottade på det för att sedan låta det ligga på en sophög. Allt det var ju... jag. Jag känner mig som död".

Kvinnan behöver hjälp utifrån

Det är väldigt viktigt med hjälp utifrån för att en kvinna som utsatts för misshandel på detta sätt ska kunna bryta mannens missbruk och misshandel av henne. Vägen till en god självkänsla efter sådan här misshandel kräver en lång och svår resa. Kvinnan behöver få hjälp att bearbeta det hon utsatts för samtidigt som hon behöver sunda och omtänksamma människor omkring sig i processen att föras tillbaka till livet igen.

Smärtsam insikt

Mannen vet innerst inne att han misshandlar kvinnan men han förringar det. Kvinnan vet innerst inne att hon blir misshandlad men hon förringar det också.

Ska mannen verkligen ta in sin skuld så måste han kliva ner från sin "härskartron", ge avkall på sin egoism och kontroll. Han måste arbeta mycket med sitt beteende och stå för konsekvenserna. Mannen måste lära sig att vara ödmjuk istället för att köra över andra. Detta kommer att kommer att kräva massor med tid och tålamod att ändra sitt beteendemönster som han har haft sedan han var barn.

Kvinnan i sin tur måste våga ta in att mannen faktiskt väljer att misshandla henne. För att inse det måste hon stå ut med vanmakten att han har en beteendeproblematik som hon inte kan göra något åt. Den grundades inte av henne i relation till honom - utan den grundades i honom för längesedan. Det spelar alltså ingen roll om hon är världens mest perfekta kvinna eller inte.

Kvinnan måste ha modet och styrkan att göra det hon är mest rädd för - att ta in det faktum att hon måste lämna mannen som blivit allt för henne. Det är kvinnans enda val om hon inte vill utsätta sig ytterligare för att mannen ska göra henne illa.

"Känslomässig utpressning"
Av Susan Forward

Jag rekommenderar boken "Känslomässig utpressning" av Susan Forward som hjälpte mig att klara av att leva kvar ett tag till hos min man. Boken gav mig praktiska råd hur jag emotionellt skulle hålla min man på avstånd och hur jag stärkte min självkänsla lite med uppmuntran/affirmation.

Författaren ger många exempel på hur en känslomässig utpressare uppför sig, vilket stämde helt in på min man. Hon beskrev vilka knep han tog till för att skrämma mig, hur han utnyttjade min pliktkänsla och hur han fick mig att känna skuld. Hon gav mig tips på vad jag skulle säga till mig själv när han försökte påverka mig så jag mådde dåligt. Hon gav mig praktiska strategiåtgärder på hur jag skulle tänka när han känslomässigt började pressa mig. Hur jag skulle peppa mig själv så jag kunde klara av hans ord.

Hon uppmuntrade mig till att skriva ner de olika situationer som han utsatte mig för och hur det fick mig att känna mig. Hur jag mentalt kunde stoppa rädsla-/skuld- och pliktkänslorna att påverka mig. Hur jag skulle stanna upp och iaktta vad som hände. Hur jag kunde ta kontroll över mitt liv, sätta gränser och ta ansvar för mitt eget liv.

Några av författarens uppmuntran/affirmationer på vägen:

- *Verbal misshandel är en lögn om dig, som berättas för dig.*
- *Du förtjänar en miljö och en omgivning där du kan utvecklas, blomstra och må bra, inte endast överleva.*
- *Du kan lita på dina egna känslor, din intuition och dina iakttagelser.*
- *Du kan säga nej till det du inte vill ha eller det du inte gillar. Du har rätt att säga nej.*
- *Du har rätt att ändra åsikt eller ändra planer.*
- *Du är värd att någon annan anstränger sig för dig och jobbar med sig själv för dig.*

Riktlinjer för att ha en varaktig relation med en narcissistisk personlighetsstörning
Från www.tuvaforum.se
Att läsas med glimten i ögat!

1) När du öppnar dörren och går in i en narcissists värld, måste du lämna din självkänsla bakom dig.

2) Inga frågor är tillåtna. Fråga aldrig en narcissist vad hans ord betyder. Om han säger något som inte är vettigt, eller saker som verkar vara motstridiga ... då måste du inse att anledningen till att det inte låter vettigt är att du inte "hör" saker på rätt sätt.

3) Om en narcissist har en dålig dag av någon anledning... t ex att kaffet du fixade inte var lagat på rätt sätt... så måste du acceptera att detta är en sann tragedi och att på grund av denna orättvisa mot honom, kan narcissisten vara på dåligt humör under en längre tid och han kan ta ut det på dig... direkt eller indirekt.

4) Om du har en dålig dag så förvänta dig inte att narcissisten visar sitt stöd. Han är alldeles för viktig och har större frågor att ta itu med (som det faktum att kaffet du kokade inte var gott eftersom du lagat det på fel sätt... gå tillbaka till # 3).

5) Du måste alltid visa din uppskattning och tacksamhet mot narcissisten. Han behöver och förtjänar det. Du måste oändligt kyssa hans kungliga arsle och visa din uppskattning.

6) När du köper narcissisten en gåva eller ger honom en komplimang så förvänta dig inte uppskattning. Risken är stor att det du köpte honom inte är värdig hans uppmärksamhet och vad komplimangen du gav honom var nog inte riktigt menad... du har förmodligen bara en baktanke. Det faktum att han tror detta är inte hans fel, det är ditt.

7) När en narcissist ger dig råd så måste du följa dem, förutom de gånger som han har bestämt att du egentligen inte borde ha följt hans råd. Gångerna som det är lämpligt att följa hans råd är upp till honom och förändras från stund till stund. Du får inte ifrågasätta detta.

8) En narcissist kan förstå dig och vara ett stöd för dig när du delar saker med

honom. Men det kommer att finnas tillfällen då han kommer att behöva kasta dessa gemensamma saker i ditt ansikte och använda detta som ett sätt att tjäna sig själv. Det är hans rätt, som en narcissist.

9) Om du har ett problem med narcissisten som du vill ta itu med så måste du inse att det aldrig finns en lämplig tid eller ett lämpligt sätt att göra det på. Så snälla håll mun hela tiden.

Om du inte följer dessa riktlinjer kommer du att ses och användas som en dörrmatta och slutligen kasseras. Men om du inte följer dessa riktlinjer, kommer du fortfarande kasseras för även om en Narcissist vill ha en dörrmatta så vill han inte ha en dörrmatta.

Andras visdom och kunskap